CATALOGUE
DES LIVRES

DU CABINET

DE FEU M. DE LA BLETONNIERE D'YGÉ,

Ancien Conseiller au Parlement de Paris,

Dont la Vente se fera, rue des Bons-Enfans, n° 30, le jeudi 16 décembre 1813, à six heures précises de relevée.

Se distribue gratis,

A PARIS,

Chez MM.
{ DE BURE, frères, Libraires de la Bibliothèque impériale, rue Serpente, n° 7.
CHARIOT, Commissaire-Priseur, hôtel de Bullion, rue J. J. Rousseau.

DE L'IMPRIMERIE DE CRAPELET.

1813.

Les Livres seront exposés dans l'ordre qui suit :

1re vacation, le jeudi 16 décembre 1813.

Théologie.......   1— 12
Sciences et Arts...   87— 99
Belles-Lettres. ... 166—189
Histoire.........   3o8—351

2e vacation, le vendredi 17.

Sciences et Arts... 100—112
Belles-Lettres....   190—213
Histoire.........   352—394
Théologie.......   13— 24

3e vacation, le samedi 18.

Sciences et Arts... 113—125
Théologie.......   25— 36
Belles-Lettres. ... 214—237
Histoire.........   395—437

4e vacation, le lundi 20 décembre.

Sciences et Arts... 126—138
Histoire.........   438—478
Jurisprudence. ...   37— 52
Belles-Lettres..... 238—260

5e vacation, le mardi 21.

Jurisprudence....   53— 68
Belles-Lettres..... 261—283
Sciences et Arts... 139—151
Histoire.........   479—519

6e vacation, le mercredi 22.

Jurisprudence....   69— 86
Belles-Lettres. ... 284—3o7
Histoire.........   5²0—555
Sciences et Arts... 152—165

LIVRES nouveaux qui se trouvent chez DE BURE, frères.

CATALOGUE des Livres rares et précieux de la Bibliothèque de feu M. P. H. Larcher, dont la Vente se fera en février 1814; il est précédé d'une Notice sur sa vie et ses ouvrages. *Paris*, 1813, *in-8.* de 20 feuilles d'impression, br.......... 3 f.

— Franc de port par la poste................. ... 4 f.

Description des Médailles grecques, par M. Mionnet. *Paris*, 1813, *in-8.* tome 6 et dernier, br............... 15 f.

— Les cinq premiers volumes brochés, avec figures.... 90 f.

Le Recueil des Planches se vendra séparément du texte.. 3o f.

On y trouve aussi

Totius latinitatis lexicon, cura Jacobi Facciolati, opera et studio Ægid. Forcellini, editio altera Locupletior. *Patavii*, 1805, 4 vol. *in-fol.* en feuilles...................... 83 f.

Græcum lexicon manuale a Benjamino Hederico institutum, auctum et emendatum cura Jo. Aug. Ernesti. *Lipsiæ*, 1796, 3 parties en 1 vol. *in-8.* br....................... 24 f.

1er Vacat — — — — — — — — 1336 .. 30 ..
2^e Vacat — — — — — — — 1151 .. _05
3^e Vacat. — — — — — — 1107 — 70.
4^e Vacat, — — — — — 944 .. 25.
5^e Vacat — — — — — 1041 .. 70.
6^e Vacat — — — — — 2057 .. 95
                                    ─────────
                                     ~~1633..11~~
                                     7638 .. 95

Le Compte de m^{on} Chariot, ne se monte

qu'af. 7638 .. 95 ..

chariot.

girod.

mcquignon
Dabin

CATALOGUE
DES LIVRES

DE Feu M. DE LA BLETONNIERE D'YGÉ,

Ancien Conseiller au Parlement de Paris.

THÉOLOGIE.

Textes et Versions de l'Ecriture Sainte ; Ecrits apocryphes, Philologie sacrée, etc.

1. La Sainte Bible, en latin et en françois, avec des notes, (par le Maistre de Sacy.) *Paris,* 1715, 4 *vol. in-fol. v. b.*
2. Codex pseudepigraphus veteris Testamenti, collectus et castig. a Joan. Alb. Fabricio. *Hamburgi,* 1722, 2 *vol. in-*8. *v. m.* = Codex apocryphus novi Testamenti, gr. et lat. collect. eodem Fabricio. *Hamburgi,* 1719, 3 *tom. rel.* en 4 *vol. in-*8. *v. m.*
3. Historia Jeschuæ Nazareni, hebraice et lat. a J. J. Huldrico. *Lugd. Bat.* 1705, *in-*8. *v. f.*
4. Historia Christi, persice, cum vers. lat. et notis Ludov. de Dieu. *Lugd. Bat. ex offic. Elzeviriana,* 1639, *in-*4. *v. f.*
5. Histoire évangélique confirmée par la judaïque et la romaine, par Pezron. *Paris,* 1696, 2 *vol. in-*12. *v. b.*
6. Commentaire littéral sur la Bible inséré dans la traduction françoise, par de Carrières. *Paris,* 1712, 14 *vol. pet. in-*12. *v. f.*

A

2 - - 7. Histoire critique du vieux Testament, par Richard Simon. *Rotterd.* 1685, *in-4. vél.*

3 - 7o 8. Humf. Hodii de Bibliorum textibus originalibus, versionibus græcis, et latina vulgata, lib. IV. *Oxonii*, 1705, *in-fol. v. b.*

9. Conjectures sur les Mémoires originaux dont il paroît que Moyse s'est servi pour composer la Genèse, (par Astruc.) *Bruxelles*, 1753, *in-12. v. m.*

2 - - 10. Traité de la situation du Paradis terrestre, par Huet. *Amst.* 1701, *in-12. fig. v. b.*

11. Had. Relandi de spoliis templi hierosolymitani, liber. *Traj. ad Rhen.* 1775, *in-12. v. m.*

6 - - - 12. Sacrorum Bibliorum concordantiæ, recensitæ à Fr. Luca. *Coloniæ Agripp.* 1684, *in-8. v. b.*

3 - -95 13. Preces piæ. *In-8. goth. rel. en bois.*
Manuscrit sur Vélin, avec miniatures.

Saints Pères. Théologie mystique, polémique, etc.

70 - - 14. Philonis Judæi opera omnia, gr. et lat. ex recens. Th. Mangey. (*Londini*,) 1742, 2 *vol. in-fol. m. bl.* ~~Ch. May~~

D. 60 - 95 15. Clementis Alexandrini Opera, gr. et lat. ex recognit. Joan. Potteri. *Oxonii*, 1715, 2 *vol. in-fol. v. f.*

3 - - - 16. Q. Septimi Florentis Tertuliani apologeticus, cum notis var. ex recens. Sigib. Havercampi. *Lugd. Bat.* 1718, *in-8. vél.*

6 - - 17. Eusebii Pamphili præparatio et demonstratio evangelica, gr. et lat. ex recens. Fr. Vigeri. *Coloniæ*, 1688, 2 *vol. in-fol. vél.*

4 - 5o 18. Lactantii Opera. *Biponti*, 1786, 2 *vol. in-8. v. rac. dent.*

3 - - - 19. Les Confessions de saint Augustin, trad. en françois, (par Phil. Goibaud du Bois.) *Paris*, 1686, *in-8. v. j.*

girod.

pay:

girod.

Dalin .
Dalino

Lahitte.   pap. ordinaire.

                                        15. Segu.

M^e charpentier.

potey.

girard.
Dorez j

potey.
merlin

pay

pay.

peruine

tilliard.

27. till.

28. C. gu.   extremement gâté

planche

Delau

20. Hincmari Opera, studio Jac. Sirmondi. *Lut. Paris.* 1645, 2 *vol. in-fol. v. b. Ch. Mag.*

21. Th. Sanchez disputationes de sancto matrimonii Sacramento. *Juxta exemplar Lugduni,* 1739, *in-fol. bas.*

22. Les Provinciales, par Pascal, avec les notes de Wendrock (Nicole.) *Amst.* 1735, 3 *vol. in-12. v. f.*

23. Pensées de Pascal, avec les notes de Voltaire. *Genève, (Paris, Cazin,)* 1778, 2 *vol. in-18. v. f.*

24. De Imitatione Christi lib. iv, ex recens. J. Valart. *Parisiis, Barbou,* 1764, *in-12. v. m.*

25. Phil. a Limborch de Veritate Religionis christianæ amica collatio, cum erudito judæo. *Goudæ,* 1687, *in-4. m. cit.*

26. Traité de la Vérité de la Religion chrétienne, par Abbadie. *Rotterdam,* 1689, 3 *vol. in-12. v. b.*

27. Lettres de quelques Juifs portugais à M. de Voltaire, par l'abbé Guenée. *Paris,* 1805, 3 *vol. in-12. br.*

Théologie hétérodoxe, etc.

28. Antithèse des faicts de Jésus-Christ et du pape, mise en vers françois; Item la description de la vraie image de l'Antechrist, avec la généalogie, la nativité et le baptême magnifique d'icelui. (*Genève,*) 1584, *pet. in-8. v. b. fig. en bois.* Rare.

29. Amphitheatrum æternæ providentiæ, divino-magicum, auct. Julio Cæs. Vanino. *Lugd.* 1615, *in-8. m. bl.* = Ejusd. de admirandis naturæ Arcanis lib. iv. *Lutetiæ,* 1616, *in-8. m. bl.*

30. De causis errorum, opus Edoardi baronis Herbert de Cherbury. *Londini,* 1645, *in-4. v. f.*

31. Pantheisticon, sive formula celebrandæ sodalitatis Socraticæ, auct. Tolando. *Cosmopoli,* 1720, *in-8. v. b.*

32. Mischna sive totius Hebræorum juris, rituum, etc. systema, hebraice et lat. ex versione, et cum notis Guil. Surenhusii. *Amst.* 1698, 6 *tom. rel. en* 3 *vol. in-fol. cart. non rogné.*

33. Kabbala denudata, seu doctrina Hebræorum transcendentalis et metaphysica, atque theologica, (transl. ex hebr. a Knorrio a Rosenroth.) *Sulzbaci,* 1677, 2 *tom. rel. en* 3 *vol. in-4. peau de truie.*

Bel exempl. relié par Derome, et dans lequel se trouvent toutes les parties qui composent cet ouvrage, et principalement l'*Adumbratio Kabbalæ christianæ,* pièce rare, qui manque très souvent.

34. Traité des Cérémonies superstitieuses des Juifs, tant anciens que modernes, trad. de Spinosa, (par de Saint-Glain.) *Amst.* 1678, *in-12. m. viol. l. r.*

Les deux autres titres sont manuscrits.

35. Zoroastre, Confucius et Mahomet, comparés comme sectaires, législateurs, etc. par M. de Pastoret. *Paris,* 1788, *in-8. br.*

36. L'Alcoran de Mahomet, translaté d'arabe en françois par du Ryer. *Suivant la copie imprimée à Paris,* 1649, *in-12. v. b.*

JURISPRUDENCE.

Droit ecclésiastique, civil, etc.

37. Capitularia regum francorum collecta a Steph. Baluzio, curante Pet. de Chiniac. *Parisiis,* 1780, 2 *vol. in-fol. v. m.*

38. Collection des Procès-verbaux des assemblées générales du Clergé de France. *Paris,* 1767, 11 *vol. in-fol. v. m.*

33. and.

pay

merlin

pay.

Nesve

Mcquignon jr.

Dabin

Barrere.

pay.

Suroine

Nesve.

44. noa. amo.^{t}

pay fournier ainé.

46. and.

4y. and.

~~48. and~~.

Dabin

pay.

39. Cartulaire de Champagne, autrement dit, *Liber Principum. In-fol. v. b. Mss. sur papier.*

L'on y trouve la note suivante : « L'original est au greffe de la chambre des comptes, signé de Fourqueux ».

40. Car. Ferd. Hommelii litteratura juris. *Lipsiæ,* 1779, *in-8. cart.*

41. De la Législation, ou principes des loix, par Mably. *Amst.* 1776, *in-12. v. porph.*

42. L'Esprit des Loix, par Montesquieu. *Genève,* (*Paris,*) 2 *vol. in-4. v. m.*

43. Le Droit public de l'Europe, par l'abbé de Mably. *Genève,* 1768, 3 *vol. in-12. bas.*

44. Corps universel diplomatique, par Dumont et Rousset. *Amst.* 1726 *et ann. suiv.* 19 *vol. in-fol. v. f.*

Savoir : Corps diplomatique, 8 vol. Supplément, Histoire des anciens traités de paix et cérémonial diplomatique, 5 vol. Nouveaux traités de paix, 2 vol. Négociations de Munster, 4 vol.

45. Codex legum antiquarum, edid. Frid. Lindenbrogius. *Francof.* 1613, *in-fol. v. b.*

46. Joan. Seldeni, de synedriis et præfecturis juridicis vet. ebræorum lib. tres. *Amst.* 1679, *in-4. v. b.*

47. De Legibus Hebræorum forensibus liber, hebraice et lat. ex vers. et cum not. Const. l'Empereur. *Lugd. Bat. apud Elzevirios,* 1637, *in-4. v. f.*

48. De Legibus Hebræorum ritualibus lib. iv, auct. Joan. Spencero. *Cantabr.* 1727, 2 *vol. in-fol. v. b.*

49. Leges Atticæ, Sam. Petitus collegit, et comment. illustravit. *Parisiis,* 1635, *in-fol. v. b.*

50. Codex Theodosianus, cum comment. Jac. Gothofredi. *Lugd.* 1665, 6 *tom. rel. en* 3 *vol. in-fol. v. b.*

51. Justiniani Imper. institutionum juris civilis

expositio methodica, a Fr. Lorry. *Parisiis,* 1777, 2 *vol. in-*12. *v. m.*

52. Digestorum seu pandectarum juris civilis lib. quinquaginta. *Parisiis,* 1552, 9 *vol. in-*8. *m. r. l. r.*

Exempl. du comte d'Hoym.

53. De Criminibus ad librum XLVII et XLVIII, dig. commentarius Anton. Matthæi. *Vesaliæ,* 1679, *in-*4. *v. b.*

54. Antonii Augustini de legibus et senatus consultis liber. *Romæ,* 1583, *in-*8. *m. r.*

55. Codex Fabrianus definitionum forensium, etc. auct. Ant. Fabro. *Lugd.* 1606, *in-fol. v. b.*

56. Julii Clari Opera omnia, sive practica civilis et criminalis. *Genevæ,* 1739, 2 *tom. rel. en* 1 *vol. in-fol. v. m.* == Consilia selecta in criminalibus causis, studio J. B. Ziletti. *Francof.* 1578, *in-fol. v. b.*

57. Praxis criminis persequendi, auct. Joan. Millæo Boio. *Parisiis,* 1541, *in-fol. fig. v. b.*

58. Praxis rerum criminalium, auct. Jod. Damhouderio. *Antuerp.* 1556, *in-*8. *m. bl.*

59. Liber quæstionûm criminalium in regio criminali concilio Cathaloniæ decisarum, auct. D. Lud. a Peguera. *Barcinonæ,* 1585, *in-fol. parch.*

60. Disceptationes seu conclusiones forenses criminales ad reorum defensam, Almontis Ciazzii a Sancto Severino, etc. *Maceratæ,* 1646, *in-fol. v. f.*

Exempl. de De Thou.

61. Laur. Matthæu et Sanz tractatus de re criminali. *Lugduni,* 1738, *in-fol. v. m.*

62. Bened. Carpzovii practica rerum criminalium. *Basileæ,* 1751, *in-fol. bas.*

63. Dei delitti e delle pene, del conte Beccaria. *In Parigi, Cazin,* 1786, *in-*18. *v. éc.*

52. C.

chariot, barrer

pilet.
Suroin

planche

59. C.
60. C.

Dabin

planch

pay.

Le Riche.

Dabin

Dabin

idem

idem

pareille.

64. Traité des délits et des peines, trad. de l'italien
　　de Beccaria. *Lausanne*, 1766, *in-12. v. m.* =　　*avec 63.*
　　Code pénal. *Paris*, 1777, *in-12. v. m.*

Droit françois et étranger.

65. Institution au Droit françois, par Argou. *Pa-*
　　ris, 1771, 2 *vol. in-12. v. m.*
66. Les édits et ordonnances des rois de France,
　　publiés par Ant. Fontanon. *Paris*, 1611, 4 *tom.*
　　rel. en 3 *vol. in-fol. v. b. l. r.*　　　　4. -
67. Ordonnances des rois de France de la troisième　　*3o.*
　　race, recueillies par de Laurière. *Paris*, *impr.*
　　roy. 1723, 13 *vol. in-fol. et* 1 *vol. de table*,
　　v. jasp.
68. Recueil d'édits et ordonnances royaux sur le　　*3.*
　　fait de la justice, par Néron. *Paris*, 1720, 2 *vol.*
　　in-fol. v. b.
69. Compilation chronologique des ordonnances,　　*4. - 5.*
　　lettres-patentes des rois de France, etc. par G.
　　Blanchard. *Paris*, 1715, 2 *vol. in-fol. v. b.*
70. Recueil des édits, déclarations, arrêts, juge-　　*6. - 9 5.*
　　ments, etc. concernant la justice, police et
　　finances. 26 *vol. pet. in-8. parch.*
71. Le Code du roi Henri III, par Barnabé Brisson.　　*2.*
　　Paris, 1628, *in-fol. v. f.*
72. Conférences des ordonnances de Louis XIV,
　　par Bornier. *Paris*, 1744, 2 *vol. in-4. v. m.*　　*2. - 10.*
73. Procès – verbal des conférences tenues pour
　　l'examen des articles de l'ordonnance civile de
　　1667, et de l'ordonnance criminelle de 1670.
　　Paris, 1776, *in-4. bas.*
74. Nouveau commentaire sur l'ordonnance civile　　*1. - 9 5. 8.*
　　de 1667, par Jousse. *Paris*, 1767, 2 *vol. in-12.*
　　v. m. = Nouveau commentaire sur l'ordonn.
　　criminelle de 1670, par le même. *Paris*, 1763,
　　in-12. v. m. = Nouveau commentaire sur les

ordonnances de 1669 et 1673, sur le commerce, par le même. *Paris*, 1761, *in*-12. *v. m.*

1--50 75. Code criminel, ou Commentaire sur l'ordonnance de 1670, par Serpillon. *Lyon*, 1767, 2 *vol. in*-4. *v. m.*

2--50 76. Code rural. *Paris*, 1749, 2 *vol. in*-12. *v. m.* = Théorie des matières féodales et censuelles, par Hervé. *Paris*, 1785, 4 *vol. in*-12. *v. m.*

15--5 77. Traité de la Police, par De la Mare. *Paris*, 1722, 4 *vol. in-fol. v. b. Gr. Pap.*

2--5 78. Usages des pays de Bresse, Bugey et Gex, par Ch. Revel. *Bourg en Bresse*, 1775, 2 *vol. in-fol. bas.*

2--60 79. Coutumes des duché, baillage et prévôté d'Orléans, par Pothier. *Orléans*, 1760, 2 *vol. in*-12. *v. m.*

1-- -- 80. Nouveau commentaire sur la Coutume de Paris, par de Ferrière. *Paris*, 1770, 2 *vol. in*-12. *bas.*

7--5 81. Recueil des défenses de Fouquet. 1665, 15 *vol. pet. in*-12. *vél.*

1-- -- 82. Leggi criminali del dominio Veneto. (*Venezia*,) 1751, *in*-4. *cart.*

2-- -- 83. Code criminel de l'empereur Charles V. *Bienne*, 1767, *in*-8. *dem. rel.*

84. Constitution de l'Angleterre, par Delolme. *Genève*, 1787, 2 *vol. in*-8. *br.* = Loix et constitutions du roi de Sardaigne. *Paris*, 1771, 2 *vol. in*-12. *br.*

14--5 85. Commentaires sur les Loix angloises, de Blackstone, trad. de l'anglois. *Bruxelles*, 1774, 6 *vol. in* 8. *v. m.*

3-- -- 86. Législation orientale, par Anquetil du Perron. *Amst.* 1778, *in*-4. *v. éc.*

peruille.

76. Rog.

Dabin

pay.

Dabin

pay.

pay.

peruine.

Chardin

85. Cal.

Martin

pay.
Dabin

Merlin

girod.
Dabin

allad.

girod.

SCIENCES ET ARTS.

PHILOSOPHIE.

Philosophes anciens et modernes.

87. Historia philosophiæ, auct. Stanleio. *Lipsiæ,* 1711, *in-4. vél.*

88. Jac. Bruckeri historia critica philosophiæ. *Lipsiæ,* 1742, 6 *tom. rel. en* 9 *vol. in-4. v. f.* Ch. *Pura.* } 36.

89. Histoire critique de la Philosophie, par Deslandes. *Amst.* 1741, 3 *vol. in-12. v. m.* 2 -

90. Platonis Opera omnia, gr. cum comment. Procli, edente Sim. Grynæo. *Basileæ,* 1534, *infol. v. b.* 3 .. 80.

91. Divini Platonis Opera, a Marsilio Ficino translata. *Lugd. Tornæsius,* 1550, 5 *vol. in-18. m. viol. l. r.* 15 - - 8.

92. La République de Platon, trad. en françois, (par Grou.) *Paris,* 1762, 2 *vol. in-12. v. m.* 2 - 95.

93. Marsilio Ficino sopra lo amore o ver convito di Platone. *In Firenze,* 1544, *pet. in-8. v. m.* 1 - 5.

94. Aristotelis Opera omnia, e græco in latinum translata, cum comment. Averrois, studio Jo. Bapt. Bagolini. *Venetiis, apud Juntas,* 1552, 9 *tom. en* 6 *vol. in-fol. v. b.* = Marci Ant. Zimare tabula dilucidationum in dictis Aristotelis et Averrois. *Venetiis, Hier. Scotus,* 1556, *infol. v. b.* 15.

95. La Politique d'Aristote, trad. du grec, par M. Champagne. *Paris,* 1797, 2 *vol. in-8. dem. rel.* 4 - 15.

96. Maximi Tyrii dissertationes, gr. et lat. ex recens. Joan. Davisii, et cum not. Jer. Marklandi. *Londini,* 1711, *in-4. v. f. dent.* 7 -

97. Les Hipotiposes, ou Institutions pirroniennes de Sextus Empiricus, trad. du grec, (par Huart.) 1725, *in*-12. *v. m.*

98. Traité de Porphyre, touchant l'abstinence de la chair des animaux, trad. du grec, par de Burigny. *Paris*, 1747, *in*-12. *v. f.*

99. Jamblichi de mysteriis liber, gr. et lat. ex vers. et cum not. Th. Gale. *Oxonii*, 1678, *in-fol. v. b.*

100. Philosophorum sententiæ de fato e græco in latin. versæ, per Hug. Grotium. *Parisiis*, 1648, *in*-4. *v. b.*

101. Conclusiones in omni genere scientiarum, quas J. Fr. Picus Mirandula Romæ disputandas proposuit. 1532, *pet. in*-8. *v. m.*

102. Renati Descartes principia philosophiæ. *Amst. apud Lud. Elzevirium*, 1644, *in*-4. *vél.*

103. Th. Hobbes Opera philosophica. *Amst.* 1668, 2 *tom. en* 3 *vol. in*-4. *m. r.* = Th. Hobbes angli vita. *Carolopoli*, 1682, *in*-4. *v. f.*

104. The abridgment of Dr Cudworth's true intellectual system of the universe. *London*, 1732, 2 *vol. in*-4. *dem. rel.*

Ethique ou Morale, etc.

105. Les Caractères de Théophraste, trad. du grec, avec les Caractères de ce siècle, par de La Bruyere. *Lyon*, 1747, 4 *vol. in*-12. *v. m.*

106. Marci Antonini imperatoris, de rebus suis lib. xii, gr. et lat. ex recens. Th. Gatakeri. *Londini*, 1707, *in*-4. *peau de truie.*

107. Les Leçons de la sagesse, ou les défauts des hommes, par De Bonnaire. *Paris*, 1767, 3 *vol. in*-12. *v. éc.*

108. Des Compensations dans les destinées hu-

girod.

Idem

Dabin

trentel.

chariot

103. fal.

chariot.

Harroir L'ainé.

Rochette

payant.

paulet.

girard.

114. fal.

Saullaye

Dabin

maines, par H. Azaïs. *Paris*, 1810, 3 *vol. in-8. br.*

109. The Spectator, by Addison, Steele, etc. *London*, 8 *vol. in-12. bas.*

110. Recueil de pièces sur l'Education, dont : Mémoire de l'Université sur les moyens de perfectionner l'éducation de la jeunesse. = Mémoires sur là nécessité d'établir, dans Paris, une maison d'institution pour former les maîtres, etc. *In-12. dem. rel.*

111. Les Devoirs de l'homme et du citoyen, trad. du latin de Puffendorff, par Barbeyrac. *Amst.* 1756, 2 *vol. in-12. v. m.*

Politique, Finances, etc.

112. Les six Livres de la République, de J. Bodin. *Paris*, 1577, *in-fol. bas.*

113. Propositioni, overo considerationi in materia di cose di stato, di Fr. Guicciardini, G. F. Lottini, Fr. Sansovini. *In Vinegia*, 1598, *in-4. v. b.*

114. Discours sur le Gouvernement, par Algernon Sidney, trad. de l'anglois. *La Haye*, 1755, 4 *vol. in-12. bas.*

115. L'Utopie de Th. Morus, trad. du latin en françois, par Gueudeville. *Amst.* 1730, *in-12. fig. v. m.*

116. Joan. Marianæ de rege et regis institutione lib. III ; ejusdem de ponderibus et mensuris liber. *Moguntiæ*, 1605, *in-8. v. f.* Exempl. de De Thou.

117. Nic. Machiavelli princeps. *Lugd. Bat.* 1643, *pet. in-12. v. br.*

118. Vindiciæ contra tyrannos, sive de principis in populum, populique in principem legitima potestate, Steph. Junio Bruto auctore, (Huberto Languet.) 1580, *in-8. v. b.*

119. The Unlawfulness of subjects taking up armes against their soveraigne, in what case soever, by Dudley Diggs. 1644. *in*-4. *v. b.*

120. Testament politique de J. B. Colbert, (par de Courtilz). *La Haye*, 1693, *in*-12. *v. f.*

121. Projet de Paix perpétuelle, par l'abbé de Saint-Pierre. 2 *vol. in*-8. *v. f.*

Cet exemplaire, qui n'a point de frontispice, vient de la bibliothèque de Soubise, et a été donné au cardinal de Rohan par l'abbé de Saint-Pierre.

122. Mémoire présenté au duc d'Orléans, régent, pour rendre l'Etat puissant et invincible, et tous les sujets de ce même Etat heureux et riches, (par le comte de Boulainvilliers). 2 *vol. in*-4. *v. f.* = Idée d'un système général. *In*-4. *v. f.*

Ces trois volumes *in*-4. Manuscrits sur papier proviennent de la bibliothèque de Soubise, n° 3061 du Catalogue.

123. L'Ami des hommes, (par le marquis de Mirabeau.) *Paris*, 1758, 3 *vol. in*-4. *m. r.*

124. Des lettres de cachet et des prisons d'état, par Mirabeau. *Hambourg*, 1782, 2 *vol. in*-8. *basane.*

125. Idées sur les relations politiques et commerciales des anciens peuples de l'Afrique, trad. de l'allemand de Héeren. *Paris, l'an VIII*, 2 *vol. in*-8. *br.* = Essai sur l'influence des croisades, par le même, traduit par Ch. Villers. *Paris*, 1808, *in*-8. *br.*

Métaphysique, etc.

126. Essai philosophique concernant l'entendement humain, par Locke, trad. de l'anglois par Coste. *Amst.* 1735, *in*-4. *v. m.*

127. Essai philosophique concernant l'entendement humain, par Locke, et trad. de l'anglois par Coste. *Amst.* 1774, 4 *vol. in*-12. *v. porph.*

treuttel.

121. Rog.

treuttel.

Dabin
chariot.

125. tal.

La ditte.

pay.

pay.

La Bitte

132. Cla.

planche

planche

Saunaye

payant.

mᵉ huzard.

Martin

martin

128. De l'Esprit, par Helvetius. *Paris*, 1758, *in-4*.
 v. m.

129. An. Mariæ a Schurman dissertatio de ingenii
 muliebris ad doctrinam et meliores litteras ap-
 titudine. *Lugd. Bat. Elzev.* 1641, *in-12. m. r.*
 dent. l. r.

130. Traité des sensations, par l'abbé de Condillac. *Paris*, 1754, 2 *vol. in-12. v. m.*

131. Essai analytique sur les facultés de l'âme, par
 Bonnet. *Copenhague*, 1760, *in-4. v. m.*

132. Matt. Camariotæ orationes II in Plethonem
 de fato, gr. et lat. ex vers. Herm. Sam. Reimari.
 Lugd. Bat. 1721, *in-8. vél.*

133. Henr. Corn. Agrippæ de occulta philosophia
 libri tres. 1533, *in-fol. dem. rel.*

134. De spectris, lemuribus et magnis fragoribus,
 etc. liber, auct. Lud. Lavatero. *Lugd. Bat.*
 1659, *petit in-12. vél.*

Physique. Histoire naturelle, etc.

135. Joh. Jonstoni Thaumatographia naturalis.
 Amst. 1632, *petit in-12. vél.*

136. Contemplation de la nature, par Ch. Bonnet. *Amst.* 1769, 2 *tom. en* 1 *vol. in-8. v. m.*

137. Mémoires sur la météorologie, par le P. Cotte.
 Paris, de l'imprim. royale, 1788, 2 *vol. in-4.*
 v. m.

138. Elémens d'histoire naturelle, par M. Millin.
 Paris, 1802, *in-8. br.*

139. Le petit cabinet d'histoire naturelle, ou manuel du naturaliste. *Paris*, 1774, *in-8. m. bl.*

140. C. Plinii Secundi Historiæ naturalis lib. xxxvii,
 cum not. Gab. Brotier. *Parisiis, Barbou*, 1779,
 6 *vol. in-12. v. porph.*

141. Histoire naturelle, générale et particulière,

par MM. de Buffon et La Cépède. *Paris, impr.
royale*, 1769, 58 *vol. in-12. fig. m. bl.*

Savoir : Histoire naturelle........... 13 vol.
   Oiseaux.................... 18
   Supplément................ 14
   Minéraux................. 9
   Ovipares................ 4

142. De Thermis And. Baccii libri septem. *Venetiis, Valgrisius,* 1571, *in-fol. m. bl.* Rare.

143. Rei agrariæ auctores legesque variæ, edente
Will. Goesio. *Amstel.* 1674, *in-4. v. b.*

144. Recherches sur l'usage des feuilles dans les
plantes, par Ch. Bonnet. *Gottingue,* 1754, *in-4.
fig. v. m.*

145. Traité de la connoissance des animaux, ou
tout ce qui a été dit pour et contre le raisonne-
ment des bêtes, par de La Chambre. *Paris,*
1648, *in-4. m. r. dent.*

146. Mémoires pour servir à l'histoire des insectes,
par de Réaumur. *Paris, de l'imprim. royale,*
1734, 6 *vol. in-4. fig. v. éc.*

147. De miraculis occultis naturæ lib. IV, auct.
Levino Lemnio. *Francof.* 1590, *petit in-12.
parch.*

Médecine, etc.

148. Hippocratis Opera omnia, gr. et lat. studio
Joan. Ant. Vander Linden. *Lugd. Bat.* 1665,
2 *vol. in-8. m. r.*
Superbe exemplaire relié par Derome.

149. Recherches physiologiques sur la vie et la
mort, par Bichat. *Paris,* 1805, *in-8. br.*

150. Traité des eunuques, (par C. Ancillon).
1707, *in-12. v. b.*

151. Apicii Coelii de opsoniis et condimentis lib. X,
edidit Joan. Mich. Bernhold. *Marcobraitœ,*
1787, *in-12. v. rac. dent.*

fournier L'ainé.

allais.

Dumez.

pay.

148. tal. Nic.
                  aïc

149. tal.

151. Cla.

Saunaye

pay.

treuttel.

tss And.

Merlin

pay.

M^c huzard.

harri.

allais

Saunaye

girard.

152. De naturali vinorum historia, de vinis Italiæ, et de conviviis antiquorum lib. septem, auct. And. Baccio. *Romæ*, 1596, *in-fol. v. m.* Rare. — *14.*

153. De la Peste, ou époques mémorables de ce fléau, par Papon. *Paris, l'an VIII, 2 vol. in-8. br.* — *1..25.*

154. La Toyson d'or, ou la fleur des trésors, en laquelle est traité de la pierre des philosophes, trad. de l'allemand en françois. *Paris, 1613, in-8. m. vert, tab. fig. coloriées.* — *11.*

Mathématiques, Arts, etc.

155. Récréations mathématiques et physiques, par Ozanam. *Paris, 1770, 4 vol. in-8. fig. v. m.* — *9.*

156. Amusemens philosophiques sur diverses parties des sciences, par Abat. *Marseille, 1763, in-8. fig. v. m.* — *1.*

157. Scriptores physiognomiæ veteres, gr. et lat. cum not. var. edid. Jo. Ge. Frid. Franzius. *Altenburgi, 1780, in-8. v. rac. dent.* — *8.*

158. Essai sur la physiognomonie, par J. Gasp. Lavater. *La Haye, 3 vol. gr. in-4. fig. v. rac. dent.* — *45..5.*

159. Encyclopédie, ou Dictionnaire raisonné des sciences, des arts et des métiers, publiée par Diderot et d'Alembert. *Paris, 1751, 35 vol. in-fol. fig. v. m. fil.* — *350.*
Bel exemplaire de l'édition de Paris.

160. Dictionnaire de l'industrie, (par Duchesne). *Paris, 1795, 6 tom. rel. en 3 v. in-8. dem. rel.* — *4..45.*

161. Opere di Ant. Raffaello Mengs, public. da Gius. Nic. d'Azara. *In Roma, 1787, in-4. br.* — *2.*

162. Les Beaux-Arts en Angleterre, trad. de l'anglois de Dallaway, par M. Millin. *Paris, 1807, 2 vol. in-8. br.*

163. The Seats of the nobility and gentry, in a collection of the most interesting and pictures-que views, engraved by Watts. *London*, 1779, *in-4. obl. fig. m. r.*

164. Traité de vénérie, par d'Yauville. *Paris, imprim. royale*, 1788, *in-4. v. m.*

165. Le nouveau parfait Maréchal, par de Garsault. *Paris,* 1770, *in-4. fig. br.*

BELLES-LETTRES.

Grammaires, Dictionnaires, etc.

166. De la manière d'enseigner et d'étudier les Belles-Lettres, par Rollin. *Paris*, 1741, 4 *vol. in-12. v. m.*

167. Cours d'étude pour l'éducation du prince de Parme, par Condillac. *Paris,* 1789, 16 *vol. in-12. dem. rel.*

168. Principes de Littérature, par l'abbé Batteux. *Paris*, 1764, 5 *vol. in-12. v. m.*

169. Dictionnaire de Littérature, par l'abbé Sabatier de Castres. *Paris,* 1770, 3 *vol. pet. in-8. v. m.*

170. Novitius seu Dictionarium latino-gallicum. *Parisiis,* 1733, *in-4. v. m.*

171. Glossarium ad scriptores mediæ et infimæ latinitatis, auct. Du Cange, cum supplemento Carpenterii. *Parisiis,* 1733, 11 *vol. in-fol. v. m.*
Il y a un tome 7 au Glossarium, qui contient la préface, l'index, et autres parties de texte et de figures, extraites de l'édition de 1678.

172. Dictionnaire de la langue françoise, par P. Richelet. *Amst.* 1732, 2 *vol. in-4. v. j.*

173. Dictionnaire universel de Trévoux, avec le Supplément. *Paris*, 1732, 6 *vol. in-fol. v. b.*

chardin

truchy
Le Miche.

girod.   rapparcille.

pay.

audiffred.

chariot.

                          marque le titre du tome 2.

                                170. And.

pierre.

pay.
francois Dolin

pay.

Warée ainé.

clerc.

audiffred.

Warée ainé.

audiffred.

martin

Guillaume Notaire

girod.

idem

chariot.

guillaume Not.

pay.

174. Dictionnaire de l'Académie françoise. *Nismes*, 1778, 2 *vol. in-4. bas.*   *15.*

175. Dictionnaire françois-italien, et italien-françois, par Alberti. *Nice*, 1788, 2 *vol. in-4. bas.*   *18.*

176. Vocabolario portatile de gli autori italiani. *Parigi, Prault*, 1768, *in-12. v. éc.*   *1--50. D.*

177. Dictionnaire de poche, françois, italien et anglois, par Bottarelli. *Nice*, 1790, 2 *vol. in-8. cart.*   *3.*

178. Grammaire angloise–françoise, par Boyer. *Paris*, 1779, *in-12. v. j.*   *1.*

179. Dictionnaire françois–anglois, et anglois-françois, par Boyer. *Londres*, 1783, 2 *vol. in-4. bas.*   *15--30.*

180. The new pocket Dictionary of the french and english languages, by Th. Nugent. *London*, 1788, *in-8. bas.*   *1--40.*

Orateurs.

181. La Rhétorique d'Aristote, trad. en françois, par Cassandre. *Amst.* 1733, *in-12. v. m.*   *2--30.*

182. Œuvres complettes de Démosthène et d'Eschine, trad. en françois, par Auger. *Paris*, 1777, 5 *part. rel. en 4 vol. in-8. v. m.*   *17--95.*

183. Themistii orationes, gr. et lat. ex recens. et cum not. Dion. Petavii. *Parisiis*, 1618, *in-4. v. f.*   *4--95. D.*

184. Themistii orationes, gr. et lat. cum not. Joan. Harduini. *Parisiis, e typ. regia*, 1684, *in-fol. v. m.*   *9.*

185. M. Tullii Ciceronis Opera. *Parisiis, Car. Stephanus*, 1555, 2 *vol. in-fol. v. m.*   *14--60.*

186. Les Offices de Cicéron en latin et en françois, trad. par du Bois. *Paris*, 1704, *in-12. v. b.*   *1.*

187. Lettres familières de Cicéron, en latin et en franç. trad. par l'abbé Prévost. *Paris*, 1801, 5 *vol. in-8. dem. rel.*   *16--95.*

B

188. Quintilien de l'institution de l'orateur, trad. par Gedoyn. *Paris*, 1718, *in-4. v. b.*

189. Panégyrique de Pline à Trajan, en lat. et en françois, avec des remarques, par Coardi de Quart. *La Haye*, 1726, *in-fol. v. éc.*

190. Recueil de discours sur diverses matières importantes, par Barbeyrac. *Amst.* 1731, 2 *vol. in-12. v. m.*

Poëtes grecs et latins.

191. Hesiodi Ascræi quæ extant, gr. et lat. cum not. var. cura Corn. Schrevelii. *Lugd. Bat.* 1658, *in-8. v. b.*

192. Anacréon, Sapho, Bion et Moschus, trad. en françois, par Moutonnet de Clairfons. *Paris,* 1773, *in-8. v. m.*

193. Les Odes pythiques de Pindare, en grec et en françois, traduites par Chabanon. *Paris,* 1772, *in-8. dem. rel.*

194. Titi Lucretii Cari de rerum natura libri sex, cum not. Mich. Fayi, in usum Delphini. *Parisiis,* 1680, *in-4. v. b.*

195. Titi Lucretii Cari de rerum natura lib. sex. *Birmingh. Baskerville,* 1773, *in-8. m. r.*

196. Lucrèce, en latin et en françois, trad. par Lagrange. *Paris,* 1768, 2 *vol. in-12. fig. m. vert.*

197. Catullus, Tibullus et Propertius, cum not. var. et ex recens. J. G. Grævii. *Traj. ad Rhen.* 1680, *in-8. vél.*

198. Elégies de Tibulle, en latin et en françois, trad. par de Longchamps. *Paris,* 1776, *in-8. v. éc.*

199. P. Virgilii Maronis Opera, cum notis Car. Ruæi, in usum Delphini. *Parisiis,* 1682, *in-4. v. b.*

On a joint à cet exemplaire les figures de l'Enéide, tirées

fray.
girod.

Rochette

chariot guillaume

Barrois l'ainé.

pindano gaté.

girard..
chariot.

197 Labb.

guillaume

Barrois l'ainé.

Barrois l'ainé.
- Merlin

treuttel.

pay.

~~chariot~~ Dumcy

treuttel.

pay.

Marron l'ainé.

M.c jardin

Marron l'ainé.

pay.

Barré.

treuttel.

Lambert.

Dorez j.e

gaté.

de la traduction en vers françois de Paul Perrin, imprimée
à Paris en 1648.

200. P. Virgilii Maronis Opera, ex cod. Mediceo-
Laurentiano descripta, ab Ant. Ambrogi. *Romæ,*
1763, 3 *vol. in-fol. fig. v. rac.* 20.

201. Pub. Virgilius Maro. *Parisiis, Didot, an vi,*
in-12. m. r. Pap. Vél. Edit. stéréotype. 5--40.

202. Les Œuvres de Virgile, en latin et en franç.
trad. par l'abbé Desfontaines. *Paris,* 1743,
4 *vol. in-8. fig. m. vert.* 50.

203. Q. Horatii Flacci Opera. *Parisiis, e typog.*
regia, 1733, *in-18. m. viol.* = Phædri Fabulæ,
et Pub. Syri sententiæ. *Parisiis, e typ. regia,*
1729, *in-18. m. viol.* 9.

204. Q. Horatius Flaccus. *Birmingh. Baskerville,*
1762, *in-12. m. r. dent.* 4.

205. Q. Horatii Flacci Opera, cum annot. Joan.
Bond. *Aurelianis,* 1767, *in-12. v. m.* 4--50.

206. Phædri Fabularum Æsopiarum lib. v, cum
not. var. edente Joan. Laurentio. *Amst.* 1667,
in-8. fig. v. b. 8--10.

207. Phædri Fabularum lib. v, cum notis Pet.
Danet, in usum Delphini. *Parisiis,* 1675, *in-4.*
v. b. 7.

208. C. Pedonis Albinovani elegiæ et fragmenta,
cum not. var. *Amst.* 1703. = Corn. Severi
Ætna, et quæ supersunt fragmenta, cum not.
var. *Amst.* 1703, *pet. in-8. v. b.* 2.

209. P. Ovidii Nasonis Opera. *Parisiis, Barbou,*
1762, 3 *vol. in-12. v. m.* 13.

210. Metamorphoses Ovidii, argumentis, enarra-
tionibus et allegoriis expositæ, per Joan. Spren-
gium. *Parisiis,* 1583, *in-18. v. éc. fig. en bois.* 2--5.

211. Les Métamorphoses d'Ovide, trad. en franç.
par Renouard. *Paris,* 1616, 3 *vol. in-8. fig.*
v. rac. 3--50.

212. Les Métamorphoses d'Ovide, trad. par Mal- 5--5.

filâtre. *Paris, l'an VII,* 3 *vol. in-*8. *fig. dem. rel. dos de mar.*

*10 - - — *213. M. An. Lucanus de bello civili, cum not. var. accurante Corn. Schrevelio. *Amst. ex offic. Elzevir.* 1658, *in-*8. *m. r. dent.*

*3 - — *214. Seconde guerre punique de Silius Italicus, en latin et en françois, trad. par Lefebure de Villebrune. *Paris,* 1781, 3 *vol. in-*12. *bas.*

*10 - -5 *215. Pub. Papinii Statii Opera, cum not. var. curante Joan. Veenhusen. *Lugd. Bat.* 1671, *in-*8. *v. b.*

*26 - -5 *216. M. Val. Martialis epigrammata, interp. et notis illust. Pet. Collesso, in usum Delphini. *Parisiis,* 1680, *in-*4. *vél.*

*5 - — *217. M. Valerii Martialis epigrammata. *Parisiis, Barbou,* 1754, 2 *vol. in-*12. *v. f.*

*6 - — *218. D. Junii Juvenalis, et Auli Persii Flacci satyræ, cum not. var. accurante Corn. Schrevelio. *Lugd. Bat.* 1672, *in-*8. *vél.*

*21 - — *219. D. J. Juvenalis, et Auli Persii Flacci satyræ, cum not. Lud. Prataei, in usum Delphini. *Parisiis,* 1684, *in-*4. *v. f.*

*10 - - *220. D. Jun. Juvenalis satyræ, edente Georg. Alex. Ruperti. *Lipsiæ,* 1801, 2 *vol. in-*8. *v. rac. dent.*

*10 - -5 *221. Magni Ausonii Burdigalensis Opera, cum not. var. *Amst.* 1671, *in-*8. *v. b.*

*7 - -15 *222. M. Ac. Plauti Comœdiæ, cum not. var. et ex recens. Joan. Frid. Gronovii. *Amst.* 1684, 2 *vol. in-*8. *vél.*

*22 - — *223. P. Terentii Comœdiæ, cum not. Nic. Camus, in usum Delphini. *Parisiis,* 1675, *in-*4. *v. b.*

*6 - -5 *224. Les Comédies de Térence, en latin et en françois, de la traduction et avec les remarques de madame Dacier. *Amst.* 1747, 3 *vol. in-*12. *fig. v. m.*

treuttel.

La Sitte.

merlin   tres court et pas bon

achaintre.

achaintre.

merlin   tres court.

Dumez.

pay.

chariot.

guillaume

Dumez.

pay.

guillaume.

Rochette.

Dumez.

pay.

pay.

pay.

pierre.

juril.

Rochette.

pay.

225. Anti-Lucretius, sive de Deo et natura lib. novem, auct. Melch. de Polignac. *Parisiis*, 1749, 2 *tom. en* 1 *vol. in*-12. *v. m.*   *1.-60.*

Poètes françois.

226. Œuvres de Clément Marot. *La Haye*, 1700, 2 *vol. pet. in*-12. *v. b.*   *8.-95.*

227. Fables de La Fontaine, les figures gravées par Fessard, le texte par Montulay. *Paris*, 1765, 6 *vol. in*-8. *v. f.*   *32.*

228. Contes et Nouvelles en vers, par de La Fontaine. *Amst.* 1762, 2 *vol. in*-8. *mar. bl. dent.* Très bel exemplaire.   *59.-95.*

229. Contes et Nouvelles en vers, par de La Fontaine. *Londres*, (*Paris*,) 1780, 2 *vol. in*-18. *fig. cart.*   *1.-55.*

230. Œuvres de Boileau Despréaux, avec des éclaircissements historiques. *La Haye*, 1722, 4 *vol. in*-12. *fig. de Bern. Picart, v. b.*   *13.-95.*

231. Œuvres de Boileau Despréaux. *Paris*, 1768, 3 *vol. pet. in*-12. *v. éc.*   *-2.-70.*

232. La Henriade, par Voltaire. *Genève*, 1773, *in*-18. *m. r.* = Recueil de différens poëmes, par Voltaire. *Genève*, 1773, *in*-18. *m. r.*   *4.-20.*

233. La Henriade, par Voltaire, avec les variantes. *Rouen*, 1779, 2 *tom.* = La Henriade travestie, en vers burlesques. *Rouen*, 1779, *in*-12. *v. m.*   *2.-*

234. La Pucelle d'Orléans, poëme, par Voltaire. 1773, *in*-8. *fig. v. éc.*   *2.-80.*

235. La Dunciade, poëme, par Palissot. *Londres*, 1771, 2 *vol. in*-8. *cart.*   *1.-50.*

236. Théâtre de P. Corneille, avec les commentaires de Voltaire. 1764, 12 *vol. in*-8. *fig. v. f.* Exemplaire de Soubise.   *78.-5.*

237. Œuvres de Racine. *Amst.* 1741, 2 *vol. in*-12. *v. b.*   *2.-70.*

225 Double 2 vol. v. m. - Edit. de 1754 - — — 1.-60.
231 Double. mème Edit. Barcaillo - — — 2.-75.

Poètes italiens, etc.

238. Le Terze rime di Dante. *Venetiis, in œdibus Aldi,* 1502, *in-8. m. r.*

239. Les Triumphes de Messire Françoys Petrarque, trad. d'italien en françois. *Lyon, Denys de Harsy,* 1531, *pet. in-8. v. m. fig. en bois.*

240. Le Génie de Pétrarque, ou imitation en vers françois de ses plus belles poésies. *Paris,* 1778, *in-8. dem. rel.*

241. Orlando furioso, di Lod. Ariosto. *Parigi, Prault,* 1768, 4 *vol. in-12. bas.*

242. La Gierusalemme liberata, di Torquato Tasso. *In Amst. Elzevier,* 1678, 2 *vol. in-32. fig. v. b.* = Filli di Sciro, del conte Bonarelli. *In Amst. Elzevier,* 1678, *in-32. fig. v. b.* = Aminta di Tasso. *In Utrecht,* 1725, *in-18. v. f.*

243. Il Pastor fido, del Cav. Guarini. *In Parigi, Prault,* 1766, *in-12. v. m.* = Le Rime di Fr. Petrarca. *Londra,* 1784, 2 *vol. pet. in-12. cart.*

244. Poesie di Piet. Metastasio. *Parigi, Quillau,* 1755, 12 *vol. in-8. m. r. Pap. de Holl.*

245. Les Nuits d'Young, trad. de l'anglois par Le Tourneur, et mises en vers françois, (par M. Hardouin.) *Paris, Didot,* 1792, 4 *vol. in-12. br. Pap. Vél.*

Mythologie.

246. Opuscula mythologica, physica et ethica, gr. et lat. cum not. var. curante Th. Gale. *Amst.* 1688, *in-8. vél. dent.*

247. Historiæ poeticæ scriptores antiqui, gr. et lat. ex recens. Th. Gale. *Parisiis,* 1675, *in-8. v. f.*

248. Apollodori Atheniensis Bibliotheca, sive de

treuttel.

treuttel.

merlin

Warée l'ainé.

martin

pay.

pichard.

pay.

pay.

treuttel.

247. Nic.

nozeran pay.
Dabin

pichard.

pay.
chariot.
pay.

pay.

256. tal. nic.

257. tal.

pay.

Deorum origine, gr. et lat. *Romæ*, 1555, *in-8.
m. r.*

Première édition. Rare.

249. La Mythologie et les Fables expliquées par
l'Histoire, par l'abbé Banier. *Paris*, 1738, 3 *vol.
in 4. v. m.*   13 - 10.

250. Les Siècles païens, ou Dictionnaire mythologique, héroïque, etc. par l'abbé Sabatier de
Castres. *Paris*, 1784, 9 *vol. in-12. v. j.*   9 - 5

251. Galerie mythologique. Recueil de monuments
pour servir à l'étude de la mythologie, de l'antiquité figurée, etc. par M. Millin. *Paris*, 1811,
2 *vol. in-8. fig. br.*   9 - 50

Facéties, Plaisanteries, etc.

252. Les Métamorphoses, ou l'Ane d'or d'Apulée,
en lat. et en françois. *Paris*, 1787, 2 *vol. in-8.
fig. v. rac.*   11 - 95

253. Œuvres de Maistre François Rabelais. 1732,
6 *vol. pet. in-8. fig. bas.*   10 - 95

254. Les Bigarrures et touches du seigneur Des
Accords, avec les apophtègmes du sieur Gaulard,
et les escraignes dijonnoises, (par Et. Tabourot.)
Rouen, 1620, *in-12. v. b.*   2 -

255. Les Gymnopodes, ou de la nudité des pieds
disputée de part et d'autre, par Séb. Rouillard.
Paris, 1624, *in-4. parch.*   1 - 50.

256. Capricciosi e Piacevoli ragionamenti di Pie-
tro Aretino. *Stampato in Cosmopoli*, (*Elzevier*,)
1660, *in-8. m. cit. A la fin l'on trouve la
P..... errante, en petits caractères.*   49 - 95. 2.

257. Joan. Meursii elegantiæ latini sermonis. *Lugd.
Bat. typ. Elzevirianis*, (*Parisiis, Barbou*,)
1774, *in-8. v. éc.*   7 - 95. 2.

258. L'An deux mille quatre cent quarante, par
Mercier. 1786, 3 *vol. in-8. v. porph.*   5 - 5.

B 4

Contes et Nouvelles. Romans.

259. Il Decamerone di M. Giov. Boccaccio. *Londra,* (*Parigi,*) 1757, 5 *vol. in-8. fig. m. vert. dent. tab. l. r.*
Superbe exemplaire.

260. Contes moraux, par Marmontel. *Paris,* 1765, 3 *vol. in-8. fig. v. m.*

261. Les mille et un Jours, contes persans, trad. en françois, par Petis de La Croix. *Paris,* 1729, 5 *vol. in-12. v. b.*

262. Les Amours pastorales de Daphnis et Chloé, trad. du grec de Longus, par Amyot. *Londres,* (*Paris, Cazin,*) 1780, *in-18. v. éc.* = Les Baisers, précédés du mois de Mai, (par Dorat.) *La Haye,* (*Paris, Cazin,*) 1778, *in-18. v. porph.*

263. Aristippe, et quelques-uns de ses contemporains, par Wieland, trad. par Coiffier. *Paris,* 1802, 5 *vol. in-8. br.*

264. Les Aventures de Télémaque, par Fénelon. *Paris,* 1757, 2 *vol. in-12. fig. v. m.*

265. Les Aventures de Télémaque, par Fénelon, et Télémaque, poëme, (par M. Hardouin.) *Paris, de l'impr. de Didot,* 1792, 6 *vol. in-12. br. Pap. Vél.*

266. Le Avventure di Telemaco. *In Venezia,* 1777, 2 *vol. in-12. bas.*

267. Bélisaire, par Marmontel. *Paris,* 1767, *in-8. fig. v. m.*

268. Delphine, par madame de Staël. *Paris,* 1803, 3 *tom. en 6 vol. in-12. dem. rel.*

269. Histoire et Cronique du Petit Jehan de Saintré, et de la jeune Dame des belles Cousines. *Paris, Phil. Le Noir,* 1523, *in-4. goth. v. f.*

Brunet.

pichard.

pay.

pay.

chariot.

allais.

allais.

pay.
Labitte.
chariot.
treuttel.

263. tal.

271. Sau. Nic.

273. Val.

274. Sau.

277 mong. apz†

th. Barron fils.

mc de la Saulais.

Suroine

mc de la Saulais.

pay.

pay.

La Ditte

pay.

allais.

270. The history of Clarissa Harlowe, by Richard-   17--95.
    son. *Basil*, 1792, 8 *vol. in-8. br.*
271. Mémoires du comte de Grammont, par le   5.
    comte Ant. Hamilton. *Londres, (Paris, Cazin,)*
    1781, 2 *vol. in-18. m. r.*
272. A sentimental Journey through France and   1.
    Italy, by Sterne. *Basil*, 1792, *in-8. br.*
273. Tansaï et Neadarné, histoire japonoise, (par   7--50 ♂.
    Crébillon fils.) *Pékin*, 1743, 2 *vol. in-12. fig.*
    m. r.
274. Le Temple de Gnide, et Arsace et Isménie,   10.
    par Montesquieu. *Paris, Didot jeune, l'an 111,*
    gr. in-8. fig. m. r. dent. tab. Pap. Vél.
275. The Vicar of Wakefield, a tale by Ol. Gold-   1--30.
    smith. *Paris*, 1784, 2 *vol. in-12. br.* = Fables,
    by Gay. *Paris*, 1782, *in-12. br.*
276. L'Univers, narration épique, par Boiste. *Pa-*   1.
    ris, 1804, 2 *vol. in-8. br.*

Critiques, Satires, Dissertations philolo-
giques, etc.

277. Athenæi deipnosophistarum lib. xv, gr. et   133.
    lat. ex vers. et cum animadversionibus Joan.
    Schweighæuser. *Argentorati*, 1801, 14 *vol.*
    in-8. v. rac. dent.
278. Les quinze livres des deipnosophistes d'Athé-   4.
    née, trad. en françois par l'abbé de Marolles.
    Paris, 1680, *in-4. v. b.*
279. La manière de bien penser dans les ouvrages
    d'esprit, (par Bouhours). *Paris*, 1687, *in-4.*
    v. f.   2--30.
280. Titi Petronii Arbitri satyricon, cum not. Joan.
    Boschii. *Amst.* 1677, 2 *vol. in-32. v. b.*
281. T. Petronii Arbitri satyricon, ex recensione   4--♂.
    Burmanni, edid. Conr. Gottlob Antonius. *Lip-*
    siæ, 1781, *in-8. v. rac. dent.*

1 - 50 282. Le Compère Mathieu, ou les bigarrures de l'esprit humain, (par Du Laurens). *Londres,* 1766, 3 *vol. in-*12. *v. m.*

2 - 50 283. Menagiana. *Amst.* 1713, 4 *vol. petit in-*12. *v. m.*

2 - 95 284. Horapollinis hieroglyphica, gr. et lat. curante Joan. Corn. de Pauw. *Traj. ad Rhen.* 1727, *in-*4. *v. m.*

Polygraphes grecs, latins, françois, etc.

5 - 95 285. Lucien, de la traduction de Perrot d'Ablancourt. *Amst.* 1709, 2 *vol. in-*12. *fig. v. b.*

60 - — 286. Joan. Meursii opera, ex recensione Joan. Lami. *Florentiæ,* 1741, 12 *vol. in-fol. bas.*

7 - 9 - 95 287. Ch. G. Heynii opuscula academica, collecta et animadv. illustr. *Gottingæ,* 1785, 5 *vol. in-*8. *v. porph.*

1 - 85 288. L'Abeille françoise. *Paris, l'an VIII.* = Le même ouvrage. *Paris,* 1797, *in-*8. *bas.*

32 - 5 289. Les Essais de Michel, seigneur de Montaigne. *Amst. Michiels,* 1659, 3 *vol. in-*12. *m. bl.*

17 - — 290. Les Essais de Michel de Montaigne, avec les notes de Coste. *Paris,* 1725, 3 *vol. in-*4. *v. m.* = Journal du voyage de Montaigne en Italie, avec les notes de Querlon. *Paris,* 1774, *in-*4. *v. m.*

19 - 60 291. Les Essais de Michel, seigneur de Montaigne. *Amst.* 1781, 3 *vol. in-*8. *m. vert.*

5 - 70 292. Œuvres diverses de J. B. Rousseau. *Amst.* 1726, 3 *vol. in-*12. *m. r.*

15 - 50 293. Œuvres diverses de Fontenelle. *La Haye,* 1728, 3 *vol. in-fol. fig. de Bern. Picart, v. éc.*

3 - 40 294. Œuvres de Montesquieu. *Amst.* 1790, 7 *vol. petit in-*12. *br.*

154 - 5 295. Œuvres complètes de Voltaire. *De l'impr.*

pay.

pay.

chariot.

chariot.

seguier.

pay.

audiffred.

pay.

Brunet.

pay.

pay.

pay.

allais.

taché.

297. San. tal.

chariot.
chariot.

pichard.

pay.

chariot.

Royez.

Sol per

perrey.
pichard.

pay.

de la société littéraire typographique, 1785,
92 *vol. in*–12. *v. porph. Papier à la croix.*
Il manque le tome 92.

296. Œuvres de Maupertuis. *Lyon*, 1768, 4 *vol.*   9--50.
in-8. *v. f.*

297. Œuvres complètes de l'abbé de Voisenon.   30.
Paris, 1781, 5 *vol. in*-8. *v. m.*

298. Œuvres complètes de J. J. Rousseau. *De*   63.
l'impr. de la société littéraire typographique,
(*Kehl*), 1783, 34 *vol. in*-12. *v. porph.*

299. Examen des systèmes de J. J. Rousseau et de   1--50.
Court de Gébelin, pour servir de suite à l'ana-
lyse de leurs ouvrages, (par l'abbé Le Gros).
Paris, 1786. == Essai sur le caractère, les mœurs
et l'esprit des femmes, par Thomas. *Paris*, 1772,
in-8. *v. porph.*

300. Œuvres complètes d'Helvétius. *Liége*, 1774,   8--50.
4 *vol. in*-8. *v. f.*

301. Recueil d'opuscules de M. Millin, dont : In-   4--50.
troduction à l'étude des médailles. 1796. ==
Introd. à l'étude des monumens antiques. 1796.
== Introd. à l'étude des pierres gravées. 1797.
== Essai sur la langue et la littérature proven-
çale, et autres pièces extraites en partie du Magasin encyclopédique. *In*-8. *br.*

302. Tutte l'opere di Niccolo Macchiavelli. *In*   19--60.
Londra, 1772, 3 *vol. in*-4. *v. f.*

303. Œuvres complètes d'Alexandre Pope, trad.   19.
en françois. *Paris*, 1780, 8 *vol. in*-8. *fig. v. éc.*

Dialogues et épistolaires.

304. Cymbalum mundi, ou dialogues satyriques
sur différens sujets, par Bonaventure des Pe-
riers. *Amst.* 1753, *in*-12. *fig. v. m.*   1--95.

305. Hug. Grotii epistolæ ad Israelem Jaski. *Dan-*
tisci, 1670, *in*-12. *vél.*

3o6. Lettres juives, lettres chinoises et lettres ca-
balistiques, par le marquis d'Argens. *La Haye*,
1764, 21 *vol. pet. in*-12. *v. m.*

3o7. Lettres originales de Mirabeau, écrites du
donjon de Vincennes, depuis 1777 jusqu'en
1780, publ. par Manuel. *Paris*, 1792, 4 *vol.
in*-8. *br.*

HISTOIRE.

Introduction à l'étude de l'Histoire et Géographie.

3o8. Méthode pour étudier l'histoire, par Lenglet Dufresnoy. *Paris*, 1735, *et supplément*,
1740, 12 *vol. in*-12. *v. b.*

3o9. L'esprit de l'histoire, ou lettres d'un père à
son fils, sur la manière d'étudier l'histoire en
général, etc. par M. Ferrand. *Paris*, 1802,
4 *vol. in*-8. *demi-rel.*

310. Atlas historique, par Le Sage. *Gr. in-fol.
demi-rel.*

311. Sam. Bocharti geographia sacra. *Francof. ad
Mœn.* 1674, 2 *tom. en* 1 *vol. in*-4. *v. m.*

312. Cl. Ptolemæi geographia, e græco in lat. translata. *Argentinæ*, 1513, *in-fol. max. fig. m. r.*

313. Notitia orbis antiqui, auct. Christ. Cellario.
Lipsiæ, 1773, 2 *vol. in*-4. *fig. v. f.*

314. Atlas de la géographie ancienne, contenant
27 cartes. *Paris, Desnos*, 1772, *petit in-fol.
demi-rel.*

315. Dictionnaire géographique de Baudrand.
Amst. 1701, *in*-4. *v. b.*

pay .

Merlin

pay .

Martin

Martin

Merlin

Treuttel .

piqué de vers . .

pay .

pay .

La Loy.

girod.

Darnez

m^e de la Saulail.

freutte

m^e de la Saulail

pay.

allai

323. Sau.

325. Sau.

VOYAGES ET RELATIONS.

Voyages en différentes parties du Monde.

3,6. Itinera mundi, sic dicta nempe cosmogra- 2 . . . $\mathcal{D}$.
phia, auct. Abr. Peritsol, hebraice, cum vers.
lat. et notis Th. Hyde. *Oxonii,* 1691, *in-4. v. f.*

317. Navigatio Salomonis Ophiritica, illustrata a
Mart. Lipenio. *Wittebergæ,* 1660, *pet. in-12.*
vélin.   } 2 - - $\mathcal{D}$.

318. Itinerarium Benjaminis, hebraice et lat. ex
versione et cum not. Const. l'Empereur. *Lugd.*
Bat. ex off. Elzevir. 1633, *in-12. v. f.*

319. Vetera Romanorum itineraria, sive Antonini 12 - - $\mathcal{D}$
Augusti itinerarium, cum notis var. curante
Pet. Wesselingio. *Amst.* 1735, *in-4. br.*

320. Abrégé de l'histoire générale des Voyages, 127-95.
par de La Harpe. *Paris,* 1780, 32 *vol. in-8. fig.*
et atlas in-4. v. m.

321. Troisième voyage de Cook, ou voyage à l'O- 20 - 10.
céan Pacifique, trad. de l'anglois. *Paris,* 1785,
4 *vol. in-4. fig. et atlas cart.*

322. Voyage de la Pérouse autour du monde, 25-95.
publié par M. Millet Mureau. *Paris,* 1798, 4 *vol.*
in-8. et atlas in-fol. demi-rel.

323. Relation d'un voyage au Levant, par Pitton 9 - 95.
de Tournefort. *Amst.* 1718, *in-4. fig. v. m.*

324. Jac. Tollii insignia itinerarii italici, quibus 1 - 50.
continentur antiquitates sacræ, etc. gr. et lat.
Traj. ad Rhen. 1696, *in-4. v. b.*

325. Voyage en Italie, par l'abbé Barthelemy. 2 - 5.
Paris, 1801, *in-8. demi-rel.*

326. Voyage en Italie, par Delalande. *Yverdon,* 6 - 55.
1787, 7 *vol. in-8. bas.*

327. Voyage en Italie, par Delalande. *Paris,* 1786, 16.
9 *vol. in-12. et atlas in-4. demi-rel.*

2 . . 5 .   328. Voyage d'Italie, par Cochin. *Paris*, 1773,
              3 *vol. in-*12. *demi-rel.* = La ville de Rome, ou
              description abrégée de cette superbe ville.
              Rome, 1783, 2 *vol. in-*12. *fig. cart.*

25 . .   329. Lettre contenant le journal d'un voyage fait
              à Rome en 1773, (par Guidi). *Paris*, 1783,
              2 *vol. in-*12. *br.*
              330. Voyage dans les départemens du midi de la
              France, par M. Millin. *Paris, de l'impr. impér.*
              1807, 3 *vol. in-*8. *et atlas in-*4. *cart. Gr. Pap.*
              Vélin.

5 . 3 . . 10 331. Voyage à Barège et dans les Hautes-Pyré-
              nées en 1778, par Dusaulx. *Paris*, 1796, *in-*8.
              demi-rel. = De mes rapports avec J. J. Rous-
              seau, par le même. *Paris*, 1798, *in-*8. *demi-rel.*

159 . .   332. Voyage pittoresque de la Grèce, par M. de
              Choiseul-Gouffier. *Paris*, 1782 et 1809, 2 *vol.*
              gr. in-fol. fig. v. m. et cart.

5 . 15 . .   333. Voyage de la Troade, en 1785 et 1786, par
              M. Le Chevalier. *Paris*, 1802, 3 *vol. in-*8. *et*
              *atlas in-*4. *dem. rel.*

Chronologie et Histoire universelle.

3 . . 95   334. Thesaurus temporum Eusebii Pamphili, gr.
              et lat. studio Jos. Justi Scaligeri. *Amst.* 1658,
              in-fol. v. b.

3 . . 5 .   335. Jos. Scaligeri Opus de emendatione tem-
              porum. *Lutetiæ*, 1583, *in-fol. v. m.*

              336. Dion. Petavii rationarium temporum. *Pa-*
              risiis, 1688, *in-*12. *v. f.*
2 . .   337. Ger. Jo. Vossii chronologiæ sacræ isagoge,
              sive de ultimis mundi antiquitatibus disserta-
              tiones. *Hag. Com.* 1659, *in-*4. *v. b.*

3 . . .   338. Jo. Marshami Chronicus canon ægyptiacus,
              ebraicus, græcus. *Londini*, 1672, *in-fol. v. b.*

pay.

bacot.

331. and.

trcuttd.

333. cher.

pay.

pay.

girod.

truchy.

33g falb.

treuttel.

martin

Mc charpentier

treuttel.

pay.

pay.

treuttel.

pay.

pay.

pay.

treuttel.

Dumez.

339. Th. Lydiat canones chronologici , nec non
      series magistratuum et triumphorum Roma-
      norum. *Oxonii* , 1675 , *in-8. v. b.*

340. L'art de vérifier les dates des faits historiques,
      des chartes, etc. (par dom Fr. Clément). *Paris*,
      1783 , 3 *vol. in-fol. v. rac. dent.*

341. Tables chronologiques de l'Histoire univer-
      selle, par J. Blair , et trad. en françois par Chan-
      treau. *Paris*, 1795, *gr. in-4. cart.*

342. Justini Historiarum libri , cum notis Isa.
      Vossii. *Lugd. Bat. ex offic. Elzeviriana*, 1640,
      in-12. m. viol.

343. Justini Historiæ, cum not. var. *Amstel. apud*
      Elzevirios , 1669, *in-8. v. b.*

344. Histoire universelle, imitée de l'anglois, par
      Turpin. *Paris*, 1772 , 4 *vol. in-12. v. m.*

345. Discours sur l'Histoire universelle, par Bos-
      suet. *Paris*, 1681 , *in 4. v. m.*

346. Abrégé de l'Histoire universelle , par M. de
      Boulainvilliers. 2 *vol. in-4. v. f. Manuscrit sur*
      papier.
      Ces deux volumes viennent de la biblioth. de Soubise.

347. Essai d'une histoire des révolutions arrivées
      dans les sciences et les beaux-arts, depuis les
      temps héroïques, par de Roujoux. *Paris*, 1811,
      3 *vol. in-8. br.*

348. Tableau de l'Histoire moderne, par de Mé-
      hégan. *Paris*, 1778, 3 *vol. in-12. v. m.*

349. Histoire des différens Peuples du monde, par
      Contant Dorville. *Paris*, 1772, 6 *vol. in-8. v.*
      porph.

350. Jac. Aug. Thuani historiæ sui temporis. *Lon-*
      dini, 1733, 7 *vol. in-fol. v. f.*
      Exemplaire de Soubise.

351. Histoire universelle de Jacques Auguste De
      Thou, trad. en françois, par le Mascrier, etc.

*Londres, (Paris,) 1734, 16 vol. in-4. m. bl.
l. r. Gr. Pap.*

Superbe exemplaire dans lequel on a ajouté les portraits d'Odieuvre.

352. Histoire universelle de d'Aubigné. *Maillé,
     1616, 3 tom. rel. en 2 vol. in-fol. m. cit.*

353. Histoire des guerres et des négociations qui
     précédèrent le traité de Westphalie, par Bou-
     geant. *Paris, 1744, 3 vol. in-4. v. m.*

Histoire ecclésiastique, etc.

354. Pauli Orosii adversus paganos historiarum
     lib. septem, ex recens. Sig. Havercampi. *Lugd.
     Bat. 1738, in-4. v. m.*

355. Histoire du concile de Trente, par Fra-Paolo
     Sarpi, et trad. en françois par Le Courrayer.
     Basle, 1738, 2 vol. in-4. bas.

356. Frid. Spanhemii de papa femina inter Leo-
     nem IV et Benedictum III disquisitio historica.
     Lugd. Bat. 1691, in-12. v. b.

357. Ph. a Limborch historia inquisitionis. *Amst.
     1692, in-fol. v. f.*

358. Histoire de Malte, par l'abbé de Vertot. *Paris,
     1726, 4 vol. in-4. fig. v. b.*

359. Histoire générale des cérémonies et coutumes
     religieuses de tous les peuples du monde, re-
     présentées en figures par Bern. Picart, avec des
     explications par l'abbé Banier. *Paris, 1741,
     7 vol. in-fol. v. m.*

360. Dictionnaire historique des cultes religieux,
     par de La Croix. *Paris, 1775, 3 vol. pet. in-8.
     fig. v. m.*

Histoire des Juifs, etc.

361. Histoire du peuple de Dieu, par le P. Ber-
     ruyer. *Paris, 1728, 14 vol. in-4. v. m.*
     Savoir: Jusqu'à la naissance du Messie, 7 tom. en 8 vol.

Merlin
Dabin

355. fal.

Merlin

Dabin

Dumez

Nichoil.

Otmont.   361 Ormont

363. Val.   Rochette.

364. San.   m^d de la Saulaie

                             pay.

                             Saussaye
                             Barré.

369. and.

                             Merlin

                             pay.

                             treuttel.

= Depuis la naissance du Messie, 4 vol. = Paraphrase des épîtres des Apôtres, 2 vol.

362. Melchioris Leydeckeri de Republica Hebræorum lib. ix. *Amst.* 1710, 2 *vol. in-fol. dem. rel. dos de m. bl. Ch. Mag.*

363. La République des Hébreux de P. Cuneus, et les antiquités judaïques, par Basnage. *Amst.* 1705 et 1713, 5 *vol. in-8. fig. m. r.*

364. Histoire des Juifs et des peuples voisins, par Prideaux, trad. de l'anglois. *Amst.* 1755, 2 *tom. rel. en* 1 *vol. in-4. fig. m. r.*

365. Histoire des Juifs depuis Jésus-Christ jusqu'à présent, par Basuage. *La Haye,* 1716, 15 *vol. in-12. v. b.*

366. Réflexions critiques sur l'histoire des anciens peuples, chaldéens, hébreux, etc. par Fourmont. *Paris,* 1735, 2 *tom. en* 1 *vol. in-4. v. m.*

367. Jac. Perizonii origines Babylonicæ et Ægyptiacæ, ex recens. C. A. Dukeri. *Traj. ad Rhen.* 1736, 2 *vol. pet. in-8. vél.*

368. Dictys Cretensis et Dares Phrygius de bello trojano, cum not. Annæ Tanaquilli Fabri filiæ, in usum Delphini. *Paris.* 1680, *in-4. v. b.* Rare.

369. Barn. Brissonii de regio Persarum principatu lib. tres, cura J. H. Lederlini. *Argentorati,* 1710, *in-8. vél.*

Histoire grecque.

370. Pausanias, ou voyage historique de la Grèce, trad. en franç. par Gedoyn. *Paris,* 1731, 2 *vol. in-4. fig. v. m.*

371. Vetus Græcia illustrata, studio Ubbonis Emmii Frisii. *Lugd. Bat. apud Elzev.* 1626, *in-8. vél.*

372. Voyage du jeune Anacharsis en Grèce, par l'abbé Barthelemy. *Paris,* 1790, 7 *vol. in-8. et atlas in-4. dem. rel.*

373. Herodoti historiarum lib. ix, gr. et lat. studio Jac. Gronovii. *Lugd. Bat.* 1715 , *in-fol. v. f. Ch. Mag.*

374. Thucydidis de bello Peloponnesiaco libri septem, gr. et lat. edente Car. And. Dukero. *Amst.* 1731 , *in-fol. v. f.*
Exemplaire de Soubise.

375. Xenophontis Opera , gr. et lat. ex recens. Edw. Wells, edente Car. Aug. Thieme. *Lipsiæ,* 1764 , 4 *vol. in-8. v. f.*

376. Diodori Siculi Bibliothecæ historicæ lib. xv, e græco in latinum translati. *Basileæ*, 1578, *in-fol. vél.*

377. Q. Curtii Rufi historiarum libri. *Lugd. Bat.* ex offic. *Elzeviriana*, 1633, *in-12. m. r.*

378. Q. Curtius Rufus de rebus gestis Alexandri Magni, cum. not. var. *Lugd. Bat.* 1696, 1 *tom.* en 2 *vol. in-8. fig. v. f.*

379. Examen critique des anciens historiens d'Alexandre le Grand, par de Sainte-Croix. *Paris,* 1804, *in* 4. *fig. cart.*

380. Histoire du siècle d'Alexandre, par Linguet. *Paris ,* 1769 , *in-12. v. m.*

381. Histoire de la Grèce, depuis son origine jusqu'à la mort d'Alexandre, par Goldsmith, trad. de l'anglois. *Paris,* 1802, 2 *vol. in-8. dem. rel.*

382. The History of ancient Greece, by John Gillies. *Basil,* 1790 , 5 *vol. in-8. br.*

383. Histoire de l'origine, des progrès et de la décadence des sciences dans la Grèce, trad. de l'allemand (de Ch. Meiners), par Laveaux. *Paris,* *l'an* vii, 5 *vol. in-8. cart.*

384. Joan. Meursii Archontes athenienses. *Lugd. Bat. Abr. Elzevirius,* 1622, *in-4. v. f.*
Exemplaire de De Thou.

385. Lacédémone ancienne et nouvelle, par de La Guilletière. 1679, *in-12. vél.*

trenttel.

idem

oys. nic.

Dabin

trouttel.

pay.

pay.
merlin

pay.
brunet

giraud.

guillaume

387. Cla.

La Sitte

exempl. ordinairement rogné, et piqué   M.º charpentier,
de ver, il avait été vendu 12 f.ᵗ

                                               pay.
                                               pay.
                                               Brunet.

                                               potey.
                                               Rochette.

                                               merlin

                                               treuttel.
                                               Barré.

386. Carthago, sive Carthaginiensium respublica,
auct. Chr. Hendreich. *Amst.* 1664, *in* 8. *vél.*
387. Pet. Petiti de amazonibus dissertatio. *Amst.*
1687, *in-8. fig. vél.*

Histoire Romaine.

388. Scriptores Historiæ romanæ latini veteres, 40--50.
notis illustrati, edente Haurisio. *Heidelbergæ*,
1743, 3 *vol. in-fol. fig. v. éc.*
389. C. Jul. Cæsaris quæ extant, ex emendat. Jos.
Scaligeri. *Lugd. Batav. ex offic. Elzeviriana*,
1635, *in-12. v. éc.*
Editio optima.
390. C. Jul. Cæsaris quæ extant. *Londini, Brind-*
ley, 1744, 2 *vol. in-18. v. j.* = C. Sallustii Crispi
quæ extant. *Londini, Brindley*, 1744, *in-18. v. j.*
391. C. Jul. Cæsaris commentarii, ex recens. Ou-
dendorpii, curante Jer. Jac. Oberlino. *Lipsiæ*,
1805, *in-8. v. rac. dent. Ch. Pura.*
392. Les antiquités romaines de Denys d'Halicar-
nasse, trad. en françois, (par Bellanger). *Paris*,
1723, 2 *vol. in-4. v. f.*
393. Titi Livii historiarum quod extat, cum notis
Gronovii et variorum. *Amst. apud Elzevirios*,
1665, 3 *vol. in-8. m. r. dent.*
394. Velleius Paterculus, cum notis var. curante
Pet. Burmanno. *Rotterod.* 1756, *in-8. v. f.*
395. C. Corn. Taciti Opera, cum not. var. et ex
recens. Jac. Gronovii. *Traj. ad Rhen.* 1721,
2 *vol. in-4. v. f.*
396. C. Corn. Taciti Opera, recensuit J. N. Lal-
lemand. *Parisiis, Barbou*, 1760, 3 *vol. in-12.*
v. m.
397. C. Corn. Taciti Opera, cum notis Gab. Brotier. *Parisiis*, 1771, 4 *vol. in-4. v. j.*
398. C. Suetonii Opera, cum comment. Sam. Pi-
tisci. *Leovardiæ*, 1714, 2 *vol. in-4. fig. v. f.*

13-95 399. C. Suetonii Tranquilli Opera, cum not. var. edente Fr. Aug. Wolfio. *Lipsiæ*, 1802, 4 *vol. in-8. v. rac.*

2 --- 400. L. An. Florus, cum not. variorum. *Amst. ex offic. Elzevir.* 1674, *in-8. v. b.*

5 -- 401. Herodiani hist. lib. viii, Sexti Aurelii Victoris hist. Eutropii hist. lib. x, Pauli Diaconi lib. viii ad Eutropii historiam additi. *Florentiæ, Phil. Junta*, 1517, *in-8. v. m. l r.*

2 --55 402. Histoire d'Hérodien, trad. du grec en françois par l'abbé Mongault. *Paris*, 1745, *in-12. v. j.* = Herodiani Historiæ, Angelo Politiano interprete. *Salmurii*, 1683, *in-18. v. m.*

4 --50 403. Sexti Aurelii Victoris hist. romanæ breviarium, cum not. var. curante Sam. Pitisco. *Traj. ad Rhen.* 1696, *in-8. vél.*

D. 2 -- 404. Historiæ Augustæ scriptores, cum not. var. *Lug. Bat.* 1661, *in-8. v. b.*

3 --20 405. Histoire des Révolutions romaines, par de Vertot. *Paris*, 1767, 3 *vol. in-12. bas.*

3 --5 406. Essai sur les règnes de Claude et de Néron, et sur les mœurs et les écrits de Sénèque, (par Diderot.) *Londres*, 1782, 2 *vol. in-12. v. porph.*

1 --50 407. Considérations sur les causes de la grandeur des Romains, par Montesquieu. *Amst.* 1734, *in-12. v. b.*

Histoire d'Italie.

408. Les origines de l'ancien gouvernement de la France, de l'Allemagne et de l'Italie, (par de Buat.) *La Haye*, 1757, 4 *vol. in-12. v. m.*

1 --50 409. Observations sur l'Italie et sur les Italiens, par Grosley. *Londres*, (*Paris*,) 1770, 4 *vol. in-12. br.* = Les Italiens, ou mœurs et coutumes d'Italie, par Baretty, trad. de l'anglois. *Paris*, 1773, *in-12. br.*

Rochette.

pay

trentte-

Dorez j.°

La Sitte.

M.° jardins
chariot.

pay.

Dorez j.°

gati.

pay.

411. jo.

Barron l'aîné.

Dabin

Mc de la Saulais.

Merlin

Barron l'aîné.

414. Sau.

pichard.

418. tal.
419. tal.

Martin

421. tal.

410. Descrizione di Roma antica, di Famiano Nar-
dini. *In Roma*, 1771, 4 *vol. in-8. fig. dem. rel.*

411. La ville de Rome, ou description abrégée de
cette superbe ville, par D. Magnan, et ornée
de 425 planches. *Rome*, 1778, 4 *vol. in-fol. br.*

HISTOIRE DE FRANCE.

Description et histoire générale de France.

412. Had. Valesii notitia galliarum. *Parisiis*, 1675,
in-fol. v. m.

413. Histoire critique de l'établissement de la Mo-
narchie françoise dans les Gaules, par Dubos.
Paris, 1734, 3 *vol. in-4. v. m.*

414. Histoire critique de l'établissement des François dans les Gaules, par le président Hénault.
Paris, 1801, 2 *vol. in-8. br.*

415. Histoire de France avant Clovis, par Laureau.
Paris, 1789, *in-4. fig. br. Pap. Fin.*

416. Les Antiquités et Histoires gauloises et fran-
çoises, recueillies par Fauchet. *Genève*, 1611,
in-4. bas.

417. Recueil des historiens des Gaules et de la
France, par D. Martin Bouquet. *Paris*, 1738,
13 *vol. in-fol. v. m.*

418. Abrégé chronolog. de l'histoire de France,
par de Mézeray. *Paris*, 1668, 3 *vol. in-4 m. r.*

419. Mémoires hist. et critiques sur divers points
de l'histoire de France, par Mézeray. *Amst.*
1732, *in-12. v. m.*

420. Nouvel Abrégé chronologique de l'histoire de
France, par le président Hénault, avec la con-
tinuation, par Fantin Désodoards. *Paris*, 1775,
5 *vol. pet. in-8. v. éc.*

421. Les Œuvres d'Estienne Pasquier, contenant
ses recherches sur la France, etc. *Amst.* 1723,
2 *vol. in-fol. v. f.*

422. Observations sur l'histoire de France, par
Mably. *Kehl*, 1788, *4 vol. in*-12. *br.*

*Histoire de France sous des règnes particuliers,
jusques et y compris Louis XI.*

423. Les Croniques de France, d'Angleterre,
d'Ecosse, etc. par Froissart. *Paris, Ant. Vé-
rard, 3 vol. in-fol. goth. v. b.*

424. Chroniques d'Enguerran de Monstrelet. *Paris,*
1572, *3 tom. rel. en* 1 *vol. in-fol. v. m.*

425. L'histoire et chronique de Saint Loys, par
Joinville. *Poictiers*, 1547, *in*-8. *v. b.* = Chronique et histoire composée par Philippe de Com-
mines. *Paris*, 1549, *in*-8. *m. r.*

426. Traités concernant l'histoire de France, sça-
voir : La condamnation des Templiers, etc. par
Dupuy. *Paris*, 1654, *in*-4. *v. b.*

427. Histoire de Charles VI, roi de France, par
Den. Godefroy. *Paris, impr. roy.* 1653, *in-fol.
m. r.*

428. Recueil de pièces servant à l'histoire de Charles VI, par Besse. *Paris*, 1660, *in*-4. *v. b.*

429. L'histoire de Louis XI, autrement dicte la
Chronique scandaleuse. *Imprimée sur l'original*, 1620, *in*-4. *v. b.*

430. Histoire de Louis XI, par Duclos. *La Haye,*
1745, *3 vol. in*-12. *v. m.*

*Histoire particulière des Règnes de Henri II,
jusques et y compris Henri IV.*

431. Histoire de notre temps, contenant les Commentaires de l'estat de la Religion et République
sous les rois Henry et François Seconds, et
Charles IX, (par François Rasle.) 1566, *3 vol.
in*-18. *m. bl. dent.*

treuttel.

treuttel .   tres court et gate'

                               le premier gate'.

                                                423. gu.

pay.

m.e jardin

m.e jardin

Redon.

                                                431. Roa.

Suresnes.

433. noa.

pay.

435. gu.   trop mouillé et vilain

paravicin

chariot.

m.e charpentier.

440. gu.

441. gu.

432. L'histoire de France, enrichie des plus nota-
bles occurrences survenues ez provinces de l'Europe et pays voisins, depuis 1550 jusques à ces
temps. 1581, 2 *vol. in-fol. v. f.*   *3 -- 70.*

433. Dicæarchiæ Henrici II regis progymnasmata,
(aut. Radulpho Spifame.) *Absque anni nota,*
in-8. parch. Rare.   *12 -- 5. D.*

434. Histoire de François II, roi de France. *Paris,*
1783, 2 *vol. in-8. v. porph.*   *1 -- 50.*

435. Histoire de l'estat de France, tant de la république que de la religion, sous le règne de François II. 1576, *in-8. parch.*

436. Mémoires de Condé, (publ. par Secousse et
Lenglet Dufresnoy.) *Paris,* 1743, 6 *vol. in-4.*
v. m.   *11 -- 70*

437. Les Mémoires des Troubles arrivés en France
sous les règnes de Charles IX, Henri III et
Henri IV, par de Villegomblain. *Paris,* 1668,
in-12. m. r. 2 tom. en 1 vol.   *6 -- 95.*

438. Sommaire recueil des choses mémorables que
le prince de Condé a protestées et faites pour
la gloire de Dieu, repos et utilité du royaume,
contre les auteurs des Troubles advenus depuis
l'an 1560 jusqu'à présent. 1564, *in-18. parch.*   *1 -- 50.*

439. Mémoires de l'estat de France sous Charles IX.
Meidelbourg, 1578, 7 *vol. in-8. v. f.*   *5 -- D.*

440. Recueil de pièces sur l'histoire de France, dont:
Harangue du peuple à Charles IX, tenant ses
Etats à Orléans, 1560. = L'Oraison du cardinal
de Lorraine, aux Estats de Poissy. *Paris, Morel,*
1561. = Discours de ce qui est advenu à Vassi,
y passant le duc de Guise. *Paris, Morel,* 1562.
= Discours de la bataille de Dreux, dicté par
Mgr le duc de Guyse. *Paris,* 1562, *etc.* 3 *vol.*
in-8. parch.   *8 -- D.*

441. Commentaires de Blaise de Montluc, maréchal
de France. *Paris,* 1594, 2 *vol. in-8. parch.*   *4 -- D.*

442. Journal de Henri III et de Henri IV, par Pierre de l'Estoile, (publié par Lenglet Dufresnoy.) *Paris*, 1744, 9 *vol. in-8. v. b. et v. m.*

443. Recueil contenant les choses mémorables advenues sous la Ligue. 1587 *et* 1589, 2 *vol. pet. in-8. m. r.*

444. Les Mémoires de la Ligue, sous Henri III et Henri IV. 1602, 6 *vol. in-8. v. m.*

445. La Légende de Charles, cardinal de Lorraine, et de ses frères de la maison de Guise. *Reims;* 1576, *in-8. parch.*

Très bel exemplaire, portant sur le frontispice la signature de Jac. Aug. De Thou.

446. Remontrances au roy de France et de Pologne, Henri Troisième, sur les désordres et misères de ce royaume, etc. 1588, *in-8. rel. en mout. r.*

447. De justa Henrici Tertii abdicatione e Francorum regno lib. iv. *Parisiis*, 1589, *in-8. v. j.*

448. Chronologie novenaire, par P. Victor Cayet. *Paris*, 1608, 3 *vol.* = Chronologie septenaire, par le même. *Paris*, 1605, 1 *vol.* = Le Mercure françois, par Richer et autres. *Paris*, 1611, 25 *vol. en tout* 29 *vol. in-8. parch.*

449. Satyre Ménippée, de la vertu du Catholicon d'Espagne, et de la tenue des Estats de Paris. 1595, *in-8. v. f.*

450. Satyre Ménippée, de la vertu du Catholicon d'Espagne, et de la tenue des Estats de Paris. *Ratisbonne*, 1714, 3 *vol. in-8. fig. v. b.*

451. Satyre Ménippée, de la vertu du Catholicon d'Espagne, et de la tenue des Estats de Paris. *Ratisbonne*, 1726, 3 *vol. in-8. fig. v. f.*

452. Sermons de la simulée conversion de Henri de Bourbon, par Jean Boucher. *Juxte la copie imprimée à Paris*, en 1594, *in-8. v. f.*

453. Mémoires de Messire Phil. de Mornay. *Amst.*

chariot.

m.^e charpentier

chariot.

avec la legende
de dom claude guin   445. gu.

446. gu.

achaintre.

Dabin

Suronne.

pichard.

planche

Dabin .

455. tal.

456. Sau, tal.

Barron L'ainé.

Me de la Saulais.

Suroine

Martin

Brunet.

pillet.

L. Elzevier, 1652, 2 *vol. in-4. v. b. Les tomes* 3 *et* 4.

454. Mémoires ou œconomies d'Etat de Henri-le-Grand, par le duc de Sully. *Amst.* 1725, 12 *vol. pet. in-12. v. b.* 6.

455. Mémoires de Maximilien de Béthune, duc de Sully, (publiés par de l'Ecluse.) *Londres, (Paris,)* 1745, 3 *vol. in-4. v. m.* 53--95.9.
Avec les portraits d'Odieuvre.

456. Les Aventures du baron de Foeneste, par Th. Agrippa d'Aubigné. *Cologne,* 1729, 2 *vol. in-8. v. f.* 6.

Histoire des Règnes de Louis XIII, etc. jusqu'à présent.

457. Le Trésor des Trésors de France volé à la couronne, par les faussetés et artifices commises par les principaux officiers de finance, présenté à Louis XIII par Jean de Beaufort. 1615, *in-8. m. bl.* 2--.9.

458. La Conjuration de Conchine. *Paris,* 1618, *in-8. vél.*

459. Le Siècle de Louis XIV publié par de Francheville, (Voltaire.) *Dresde,* 1753, 2 *vol. in-12. bas.* 1--50.

460. Mémoires de d'Artagnan, (par Gatien de Courtilz.) *Amst.* 1704, 4 *vol. pet. in-12. v. b.*

461. Les Soupirs de la France esclave qui aspire après sa liberté, en XV Mémoires. 1689, *in-4. v. b.* 5--50.
Le XVe Mémoire est gâté à la fin.

462. Mémoires et Lettres de madame de Maintenon, pub. par de La Beaumelle. 1757, 15 *vol. in-12. v. m. complet.* 15--20.
Il manque le tome premier.

463. Histoire de France pendant le XVIIIe siècle, 4.

par M. Lacretelle jeune. *Paris,* 1808, 3 *vol. in-*8. dem. rel.

14.-95   464. Vie privée de Louis XV, (par Arnoux Laffrey.) *Londres*, 1781, 4 *vol. in-*12. *fig. v. m.*

5-—   465. Mémoires politiques et militaires de Noailles, publiés par l'abbé Millot. *Paris,* 1777, 6 *vol. in-*12. *v. m.*

1--55   466. Le Citoyen françois, ou Mémoires historiques, politiques, etc. *Londres,* 1785. = Essai sur le Despotisme, (par le comte de Mirabeau.) *Londres,* 1776, *in-*8. *v. porph.*

2.-55   467. Correspondance de l'armée française en Egypte, par Simon. *Paris, an* VII, *in-*8. *dem. rel.*

13..95   468. Histoire de la Guerre de la Vendée et des Chouans, par Alph. Beauchamp. *Paris,* 1806, 3 *vol. in-*8. *br.* = Mémoires pour servir à l'histoire de la Guerre de la Vendée. *Paris,* 1806, *in-*8. *br.*

Histoire des anciennes Provinces et des Villes de France.

4.-5   469. Chronique Bourdeloise, par Gab. de Lurbe. *Bourdeaux,* 1619, *in-*4. *vél.*
470. De l'origine des Bourgongnons, et antiquité des Estats de Bourgongne, par P. de Saint-Julien. *Paris,* 1581, *in fol. v. b.*

5.-60   471. Histoire de Dauphiné et des princes qui ont porté le nom de Dauphin, (par de Valbonnais). *Genève,* 1722, 2 *vol. in-fol. v. b.*

21--   472. Histoire de la ville de Paris, par Felibien. *Paris,* 1725, 5 *vol. in-fol. fig. v. m.*

1---   473. Histoire de l'abbaye royale et de la ville de Tournus, par P. Fr. Chifflet. *Dijon,* 1664, *in-*4. *v. b.*

~~Chatillons~~ chariot.

Barron l'ainé.

chariot

potey.

chariot.

Dabin

pay.

chariot.

pay.

464. Rog.

Survino

Barron L'ainé.

pray

chariot.

499. Roq.

482. Roq.
483. C.

Mélanges de l'Histoire de France.

474. Maximes du Droit public françois, (rédigées par l'abbé Mey). *Amst.* 1775, *2 tom. en 1 vol. in-4. bas.*

475. Recueil des Roys de France, leurs couronne et maison, par Jean Du Tillet. *Paris,* 1607, *2 tom. en 1 vol. in-4. parch.*

1--50.

476. Treize livres des parlemens de France, par de La Roche Flavin. *Bourdeaux,* 1617, *in-fol. v. f.*

2 -

477. Les ouvertures des parlemens faites par les roys de France, auxquelles sont ajoutées cinq remontrances, par Louys d'Orléans. *Lyon,* 1620, *in-8. vél.*

478. Recueil de pièces sur les parlemens. *22 vol. in-12. dem. rel.*

4--85.

479. Recueil des réclamations, remontrances, etc. des parlemens, au sujet de l'édit de décembre 1770, la suppression des parlemens, etc. *Londres,* 1773, *2 vol. in-8. v. m.*

3 -- D.

480. Les efforts de la liberté et du patriotisme contre le despotisme de M. de Maupeou. *Londres,* 1775, *6 tom. rel. en 3 vol. in-8. v. m.*

3 -

481. Histoire de la pairie de France et du parlement de Paris, par de Boulainvilliers. *Londres,* 1740, *in-12. v. b.*

482. Le Cérémonial françois, par Den. Godefroy. *Paris,* 1649, *2 vol. in-fol. v. b.*

5--95. D.

483. C'est l'ordre qui a été gardé à Tours pour appeler devant le roy ceux des trois Estats de ce royaume, (contenant les propositions faites devant le roy en son conseil par honorable homme maistre Jehan de Rely, docteur en théologie et chanoine de Paris, eslu et desputé par ceux des trois Estats, prononcées dans la

33 -- D.

ville de Tours le jeudi 12 février 1483). *in-4. vél.* Exemplaire de De Thou.

Edition exécutée en caractères gothiques, sans date, ni nom de ville ni d'imprimeur.

Histoire d'Allemagne, de Hollande et d'Angleterre.

484. Histoire secrète de la cour de Berlin, par Mirabeau. 1789, 2 *vol. in-8. br.*

485. Josiæ Simleri de republica Helvetiorum lib. duo. *Parisiis,* 1577, *in-8. parch.*

486. Histoire métallique de la république de Hollande, par Bizot. *Amst.* 1688, 3 *vol. in-8. fig. v. b.*

487. The history of England, by Dav. Hume. *Basil,* 1789, 12 *vol. in-8. br.*

488. An history of England, in a series of letters from a nobleman, to his son. *Paris,* 1788, 2 *vol. in-12. br.*

489. Matthæi Paris angli historia major, edente Will. Wats. *Londini,* 1640, *in-fol. v. b.*

490. Foedera, conventiones, acta publica, etc. inter reges angliæ et alios imperatores, reges, etc. accurantibus Th. Rymer et Rob. Sanderson. *Hag. Com.* 1745, 10 *vol. in-fol. v. m. Ch. Mag.*

491. Nouveau guide des étrangers dans les cités de Londres et de Westminster, par Fores, en anglois et en françois. *Londres, in-12. cart.* = Description de la galerie de Florence. *Arezzo,* 1790, *in-12. br.*

Histoire orientale, etc.

492. Bibliothèque orientale, par d'Herbelot. *La Haye,* 1777, 4 *vol. in-4. v. rac. dent. Gr. Pap.*

493. La République des Turcs, par Guil. Postel. *Poitiers,* 1560, 3 *part. en* 1 *vol. in-4. v. f.*

chariot.

planches

Warié L'ainé.

488. tal.
489. C.

pichard.

pai)

M.e charpentier,   mouillé.

pay.

allais.

Dabin

pay.

chariot.

Brunaud.

Caillard.

Caillard.

503. inst.

Brunaud.

494. Etat actuel de l'empire ottoman, par Elias Abesci, trad. de l'anglois. *Paris,* 1792, 2 *vol. in* 8. *br.*

495. Histoire philosophique de l'établissement et du commerce des Européens dans les deux Indes, par Raynal. *Genève,* 1780, 10 *vol. in*-8. *et atlas in*-4. *v j. fil.*

496. Histoire philosophique et politique de l'établissement et du commerce des Européens dans les deux Indes, par Raynal. *Genève,* 1781, 10 *vol. in*-8. *et attas in*-4. *v. br.*

497. Had. Relandi Palæstina veteribus monumentis illustrata. *Traj. ad Rhen.* 1714, 2 *vol. in*-4. *fig. v. b.*

498. Histoire des progrès et de la chute de l'empire de Mysore sous les règnes d'Hyder Ali et de Tippoo-Saïb, par J. Michaud. *Paris,* 1801, 2 *vol. in*-8. *br.*

499. Description des isles de l'Archipel, trad. du flamand d'O. Dapper. *Amst.* 1703, *in-fol. fig. v. m.*

5oo. Description de l'Afrique, trad. du flamand d'O. Dapper. *Amst.* 1686, *in-fol. fig. v. b.*

5o1. Lettres sur l'Egypte, par Savary. *Paris,* 1785, 3 *vol. in*-8. *v. porph.*

ANTIQUITÉS.

*Rites, Usages et Coutumes des Peuples anciens;
Marbres, etc.*

5o2. De l'origine des loix, des arts et des sciences, par Goguet. *Paris,* 1758, 3 *vol. in*-4. *fig. v. m.*

5o3. Storia delle arti del disegno, di Giov. Winkelmann. *In Roma,* 1783, 3 *vol. in*-4. *fig. cart.*

5o4. Histoire de l'art par les monumens, depuis sa décadence au ive siècle jusqu'à son renou-

vellement au xvie, par M. Seroux d'Agincourt. *Paris*, 1810, *gr. in-fol. fig. br.*
Les livraisons 1-8.

505. De religione Gentilium, auct. Ed. Herbert de Cherbury. *Amst.* 1700, *in-8. v. f.*

506. Ger. Jo. Vossii, de theologia Gentili et physiologia christiana, sive de origine ac progressu idololatriæ libri. *Francof.* 1668, 4 *tom. rel. en* 2 *vol. in-4. vél.*

507. Ant. Van Dale, dissertationes de origine et progressu idololatriæ. *Amst.* 1696, *in-4. vél.* = Ejusdem de oraculis veterum ethnicorum dissert. duæ. *Amstel.* 1700, *in-4. fig. vél.*

508. Joan. Guill. Stuckii Opera, contin. antiquitates conviviales, etc. *Lugd. Batav.* 1695, *in-fol. vél. dent.*

509. B. Balduini calceus antiquus et Jul. Nigronus de caliga veterum. *Lugd. Batav.* 1711, *in-12. fig. v. f.*

510. Laur. Pignorii de servis et eorum apud veteres ministeriis comment. *Amst.* 1674. = Titi Popmæ de operis servorum liber. *Amst.* 1672, *pet. in-12. fig. vél.*

511. Funerali antichi di diversi popoli et nationi, descritti da Thom. Porcacchi, con le figure di Girol. Porro. *In Venetia*, 1574, *in-4. v. b.*

512. Le réveil de Chyndonax, prince des Vacies, Druides, Celtiques, etc. par J. Guenebault. *Dijon*, 1621, *in-4. v. f. Avec la figure du tombeau.*

513. Antiquitates sacræ veterum Hebræorum delineatæ ab Had. Relando. *Traj. ad Rhen.* 1712, *in-12. v. b.*

514. Antiquitates sacræ veterum Hebræorum, auct. Hadr. Relando. *Traj. ad Rhen.* 1741, *in-4. br.*

515. Joan. Nicolai lib. iv de sepulchris Hebræorum. *Lugd. Bat.* 1706, *in-4. fig. v. b.* = Ejusd.

giraud.

pichard.

Dabin

pay.

pay.

Dabin

S. S. and.

Merlin

pay.

Sannaie

§21. Sau.

planche

pay.
truchy.

Le Riche

De Beauncar

De deux fin differents, et les volumes
plus courts en avancant ven lafin

Tractatus de synedrio Ægyptiorum. *Lugd. Bat.* 1706, *in-8. v. f.*

516. Pauli Ernesti Jablonski Pantheon Ægyptio-rum. *Francof.* 1750, 3 *tom. en* 1 *vol. in-8. v. f.*

517. Joan. Seldeni de diis syris syntagmata duo, edente And. Beyero. *Amst.* 1680, *in-12. v. b.*

518. Historia religionis veterum Persarum, eorum-que magorum, auct. Th. Hyde. *Oxonii*, 1760, *in-4. fig. m. bl.*

519. De Ludis orientalibus lib. duo, auct. Th. Hyde. *Oxonii*, 1694, 3 *vol. in-12. fig. m. r.*

520. Archæologiæ Atticæ lib. vii, seven books of the Attick antiquities, by Fr. Rous. *Oxford*, 1675, *in-4. v. b.*

521. Marmora Oxoniensia, gr. et lat. edente Nic. Chandler. *Oxonii, e typ. Clarend.* 1763, *in-fol. max. fig. v. éc. dent.*

522. Arsacidarum imperium, sive regum Partho-rum historia, per J. Foy Vaillant. *Parisiis,* 1728, 2 *tom. en* 1 *vol. in-8. fig. bas.*

523. Seleucidarum imperium, sive historia regum Syriæ, per Joan. Foy Vaillant. *Hag. Com.* 1732, *in-fol. fig. br.*

524. Gul. Budæi de asse et partibus ejus lib. quin-que. *Parisiis, Vascosan,* 1542, *in-fol. parch.*

525. Joh. Fred. Gronovii de Sestertiis lib. iv. *Amst. apud Elzevirios,* 1656, *in-8. v. b.*

526. Monumens inédits, ou nouvellement expli-qués, par M. Millin. *Paris,* 1802, 2 *vol. in-4. fig. v. porph. dent.*

Histoire littéraire des Académies, etc.

527. Les trois Siècles de la Littérature françoise, par l'abbé Sabatier de Castres. *Paris,* 1779, 4 *vol. in-12. v. m.*

528. Histoire et Mémoires de l'Académie royale des Inscriptions et Belles-Lettres. *Paris, de*

l'impr. royale, 1717 *et années suiv.* 46 *vol. in-*4. *fig. v. f.*

529. Notices et extraits des Manuscrits de la Bibliothèque du roi. *Paris, de l'impr. royale,* 1787, 7 *vol. in-*4. *v. f. et en feuilles.*
Il manque le tome 5.

530. Bibliographie instructive, ou Traité de la Connoissance des Livres rares, par G. F. De Bure le jeune. *Paris,* 1763, 7 *vol. in-*8. *cart.*
— Catalogue des Livres du Cabinet de M. Gaignat, par le même. *Paris,* 1769, 2 *vol. in-*8. *v. m. avec les prix.*

531. Manuel du Libraire et de l'amateur de Livres, par M. Brunet fils. *Paris,* 1810, 3 *vol. in-*8. *br.*

532. Dictionnaire des Ouvrages anonymes et pseudonymes, par M. Barbier. *Paris,* 1806, 4 *vol. in-*8. *br.*

533. De Bibliothecis liber singularis, auct. Joan. Lomeiero. *Zutphaniæ,* 1669, *in-*12. *m. vert.*

534. Ger. Joan. Vossii de historicis latinis lib. tres. *Lugd. Bat.* 1651, *in-*4. *v. m.*

535. Bibliothèque historique de la France, par J. Le Long, et augmentée par de Fontetté. *Paris,* 1768, 5 *vol. in-fol. v. m.*

536. Magasin encyclopédique, *in-*8. en cahiers. Les années VI, VII, VIII, IX, X, XI, XII, 1805, 1806, 1807.
Il manque à l'an VI les numéros 8 et 9, et à l'an XII les 8 premiers numéros.

537. Catalogus librorum qui in Bibliopolio Dan. Elzevirii venales extant. *Amst. ex offic. Elzevir.* 1674, *in-*12. *v. b.*

Vies des Hommes illustres anciens et modernes.

538. Vies des Hommes illustres grecs et romains, et les Œuvres morales et mêlées de Plutarque,

pichard.

le clerc.

pichard.

Doriz j.

pay.

merlin

536. C.

chardin

chariot.   un titre recollé, et un vol-piqué.

gati.

chardin.

pan.

pilet

chariot.

chariot.

pichard

caillard.

Dabin

pierre

Dabin

Dabin

parrat.

translatées de grec en franç. par Jacques Amyot. *Paris, Vascosan,* 1567 *et* 1574, 13 *vol.* = Décade, contenant les vies des empereurs Trajanus, etc. extraites de plusieurs auteurs grecs, latins, etc. par Ant. Allègre. *Paris, Vascosan,* 1567, 1 *vol. en tout* 14 *vol. in-*8. *m. r. dent. tabis, l. r.*

Bel exemplaire. Le titre du tome I des Hommes illustres est raccommodé.

539. Cornelii Nepotis vitæ excellentium imperatorum, curavit. J. S. Ith. *Bernæ,* 1779, *in-*8. *br.*   2

540. Œuvres de Brantome. *Leyde,* 1722, 9 *vol.* pet. *in-*12. *v. f.*   5 - - 6c

541. Theod. Jans. ab Almeloveen de vitis Stephanorum dissert. *Amst.* 1683, *pet. in-*8. *dem. rel.*   1

542. Vie privée du maréchal de Richelieu, contenant ses amours et intrigues. *Paris,* 1791, 3 *vol. in-*8. *dem. rel.*   5 - - 50

543. La Vie de Voltaire, (par Duvernet.) *Genève,* 1786, *in-*8. *v. porph.*   2 - - 60

544. Vie du capitaine Cook, par Kippis, trad. de l'anglois, par Castera. *Paris,* 1789, *in-*4. *cart.*   2

545. Vie d'Haïder-Aly-Khan, par Fr. Robson, trad. de l'anglois. *Paris,* 1787, *in-*12. *v. m.*   1

Dictionnaires et Extraits historiques.

546. Dictionnaire historique, par Moreri. *Paris,* 1687, 3 *vol. in-fol. v. b.*   4

547. Dictionnaire historique et critique, par P. Bayle. *Amst.* 1730, 4 *vol. in-fol. v. b.*   16

548. Nouveau Dictionnaire historique, (par Chaudon.) *Paris,* 1772, 6 *vol. in-*8. *v. porph.*   6

549. Nouveau Dictionnaire historique, (par Chaudon.) *Caen,* 1786, 8 *vol. in-*8. *v. m.*   12 - - 95

550. Nouveau Dictionnaire historique, par Wat-   4 - - 50

kins, trad. de l'anglois, par M. l'Ecuy. *Paris,* 1803, 2 *vol. in-8. dem. rel.*

3..55   551. Polybii, Diodori Siculi, Nic. Damasceni, etc. excerpta, gr. et lat. ex vers. et cum not. Henr. Valesii. *Parisiis, Dupuis,* 1634, *in-4. v. f.*

1..—   552. Valerii Maximi dictorum factorumque memorabilium lib. ix, studio Joan. Min-Ellii. *Roterd.* 1671, *in-12. vél.*

10..60   553. Valerii Maximi factorum dictorumque memorabilium libri ix, cum not. var. curante Abr. Torrenio. *Leidæ,* 1726, *in-4. m. r.*

4..5   554. Les Imposteurs insignes, ou histoire de plusieurs hommes de néant, de toutes nations, qui ont usurpé la qualité d'empereur, de roi, etc. par J. B. de Rocoles. *Bruxelles,* 1728, 2 *vol. in-12. v. f.*

2..85   555. Théâtre du Monde, par Richer. *Paris,* 1775, 2 *vol. in-8. fig. v. m.*

FIN.

AVIS.

La seconde Livraison de la Description de l'Egypte, composée de 279 planches *grand in-fol.* et de cinq vol. *in-fol.* de texte, paroît maintenant. Le prix du papier ordin. est de.. 1200 f.
— En Papier Vélin.............................. 1800 f.

Elle se trouve chez DE BURE, frères, Libraires de la Bibliothèque impériale, rue Serpente, n° 7 ;
Et Tilliard, frères, Libraires, rue Hautefeuille, n° 22.

L'on trouve chez les mêmes Libraires la première Livraison de cet ouvrage. En papier ordinaire.............. 750 f.
— Papier Vélin................................. 1200 f.
— Et avec figures retouchées au pinceau........... 1350 f.

Merlin

pay.

Merlin

Caillard.

pay.

très rogné.